陸地武術人生

從詠春、截拳道到八段錦

陸地

陸地——口述
Nico Tang——撰文

自序

我會決定出版這本書，原因有兩個。首先，去年十二月是我六十歲生日，雖然因為疫情關係沒能好好慶祝，但其實我心裡有個打算，就是趁自己六十歲這一年出一本書，作為我人生一個階段的標記，就像我身邊很多選擇在六十歲出書的朋友一樣。適逢出版社邀約，找我出一本關於武術和人生的書，我覺得這是一件很有意思的事，於是很快就決定了。

第二個原因，是有關傳承。在以前的中國，武術心法可能是不傳之秘，師傅不會向外人公開，但我認為時代不同了，沒什麼是需要藏私的。詠春、截拳道和八段錦加起來，我教過的弟子很多，但這個所謂「很多」，也不過二百人左右而已，從傳承的角度看，只是一個很小的數目。所以我希望藉著這次出版，深入把這三種武術介紹給更多讀者，從而帶來更廣泛的影響，對武術的傳承有更大的幫助。

而這三種武術當中，我又特別希望截拳道和八段錦能夠更廣為人知。詠春因為被列入了香港非物質文化遺產，加上電影的關係，算是打開了知名度，然而截拳道和八段錦卻不是。知道截拳道的人不多，練的人更少，二〇一七年我曾嘗試為香港截拳道申請列入非物質文化遺產，然而這幾年社會發生了很多事，一拖再拖，心願暫未完成。至於八段錦呢？練是有人練的，但那只是局限於你在公園見到有人練來健身的程度，不是作為一項文化遺產或武術去看待。所以這本書的其中一個任務，就是帶出這方面的訊息。

詠春方面，二〇〇八年，我們一群志同道合的師兄弟組成了「詠春推廣委員會」，由我擔任主席至今。其中一項推廣任務是到學校任教，除了去中小學外，在所有本地大學都開了武術興趣班。委員會的另一個工作是確立武術段位制，從成立至今，已有一千人考取了段位，實在是一種突破。我很感恩有這麼一群同行者，這些事都是我們整個團隊一起做的，而不是我自己一個人。

在我的武術人生中，我要感謝很多人。首先當然是四位師父：黃淳樑師父、葉正師父、黃錦銘師父及釋延王師父，是他們直接成就了我，讓我有機會深入認識和了解武術。除了四位師父，我還有很多師叔伯，難以一一盡錄，雖然我們不是師徒關係，但他們都毫無保留的教了我很多，豐富了我的識見。

最後是我的太太。從我們認識開始，她就一直陪我追尋武術的路，包括我第一次上天台拜師，以及之後遇上黃淳樑師父時，她都和我在一起。除了在香港，甚至在我遠赴美國，為了學武而到處拜訪時，她始終陪伴在側。其實太太對武術沒有興趣，只是因為愛，令她願意投其所好，默默支持著我。這種陪伴真的令我非常感謝，要是沒有她，我在學武的人生中必定會缺失很多很多。

武術的真諦是學無止境，每隔一段時間就會有新的得著和發現。我很享受箇中的過程，今後亦將繼續鑽研下去。希望有更多讀者看了這本書之後能有所啟發，甚至由此接觸武術，即使他們不是跟我學，我的心願也已經達成了。

啟後

光

年輕時學武經過與昔日武館文化

陸地於武館十五周年紀念時攝。牆上的對聯，暗藏「詠春」、「傳承」、「陸地」等字眼。

受到六、七十年代的功夫熱潮所影響，年輕的陸地迷上了李小龍，並認識到詠春拳。他從中學時代參加功夫學會，到大學畢業後回港尋找天台武館習武，兜兜轉轉，終於給他遇上葉問的弟子黃淳樑，踏上真正的武術之路。

李小龍電影《唐山大兄》海報（網絡圖片）

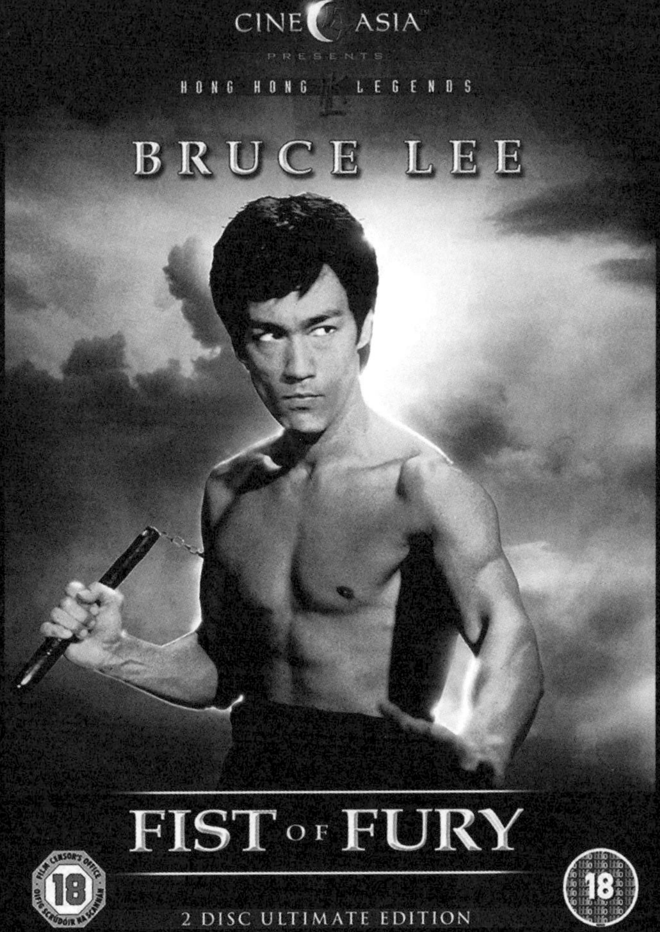

李小龍電影《精武門》英文版 DVD 封面（網絡圖片）

陸地
此人富上進心，多方面都有才能。會拉小提琴，曾學過日文，懂多種武術，似出身少林，最鍾意攬人，但爲人斯文，絕非一個粗人。

上：陸地於中學畢業紀念冊上的照片，旁邊有評語，形容他當年已熱愛功夫，能武能文。

下：英國著名大學之一，倫敦國王學院。當年陸地在此讀法律的時候，國王學院仍隸屬於倫敦大學。（iStockphoto）

詠春體育會
楊永明
高卓置業

少林寺

一九九〇年攝於詠春體育會。照片右下角對練的二人，左為陸地，右為黃淳樑的兒子。

同樣攝於詠春體育會。坐著的二人，男方為來自中國武術協會的康戈武教授，女方是黃淳樑的妻子。康戈武後方站立者為陸地，其左側穿白色T恤者，為黃淳樑的兒子。

流行文化裡的武術啟蒙

隨著查良鏞先生創辦《明報》，並以金庸之名開始連載一系列武俠小說，到張徹與胡金銓導演所開創的新派武俠電影大受歡迎，讓上世紀六十年代的香港，開始掀起了一股武俠熱潮。到了七十年代，這一股熱潮更因為李小龍的出現，而推到了最高峰。在這個年代長大的男孩，無一不被這股熱潮所影響，對中國功夫充滿了各種憧憬與想像。年輕時陸地也一樣，只是當年的他或許從沒想過，自己的一生竟會因此而與詠春拳結下不解之緣。

「我成長於六十年代尾，七十年代初，那時電視還未開始普及，我對閱讀武俠小說的興趣也不大，卻很喜歡看功夫電影。可以說，在我的成長過程裡，關於武術的啟蒙主要都是來自電影，尤其是李小龍主演的電影。李小龍那四部半電影，包括《唐山大兄》、《精武門》、《猛龍過江》、《龍爭虎鬥》，以及半部《死亡遊戲》，我都有幸在戲院裡看過。他給我的衝擊，就是打破了功夫電影一貫的形式。之前的功夫片，所有的對打都是預先設定好，每場架也打得很久。因為高手過招，往往一百招都分不出勝負，所以愈打得久，就愈代表那兩人都是高手。可是，當我學武以後便知道，真正的高手過招，可能幾十秒到一分鐘之內就會分出勝負。這就是現實跟電影的分別。而李小龍正正改變了這一點，他讓我們在電影裡，可以看到一些比較真實的對打影像。」

李小龍的出現，可以說為香港功夫電影打開了一道嶄新的大門。隨後，無論是電影還是電視劇，所有的對打場面都變得硬橋硬馬得多。比如是一九七六年由佳視拍攝的《射鵰英雄傳》，也很得陸地的歡心，「我很欣賞梁小龍，打得比較狠，白彪也是。這齣《射鵰英雄傳》明顯是受了李小龍的影響，因為在這之前的武俠劇，像是一九七四年的《保鏢》裡面的對打場面，連慢動作都是演員自己演出來的，現在回想起來也覺得很搞笑。」李小龍那種拳拳到肉的擬真打鬥畫面，當時不單只深深吸引了無數個像陸地那樣的男孩，他甚至通過了電影，讓全世界都認識到「功夫KUNGFU」這兩個中文字。這股由他掀起的功夫熱潮，更逐漸從香港席捲至全世界。當中還包括了他所提倡的截拳道。

「可是在七十年代的香港，你根本沒辦法學到截拳道，因為這裡沒有人教，甚至沒有太多人懂。那個時代，我們只能在一些武術雜誌裡看到一些關於截拳道的文章，而這些文章多是把李小龍的英文原文粗疏地翻譯過來，很多內容都譯錯了。例如我看過其中一本書，英文原版寫的是『Shaolin KUNGFU』（少林功夫)，雜誌卻把它翻成『錫蘭功夫』。當時的翻譯水平真的很低，讀者們都看得一頭霧水。所以那個時候，大家只覺得截拳道是一種哲學，並不是一種拳術，它比較似是一個概念，是講多過練，講多過做的。」

也是因為這個原因，所以年輕的陸地只能從李小龍身上，認識到詠春拳，以至他升上中學後有機會接觸到這個門派，便很直接地把心神投放在詠春之上。但有趣的是，命運總有令人意想不到的安排。相信沒有人可以想像到，當陸地選擇了詠春拳之後，他日後竟然會拜了黃淳樑為師，成為了李小龍的同門師侄；後來更讓他結識到李小龍的入室弟子黃錦銘，助他打開了截拳道的大門……而這一切的起點，竟然是源於中學校園裡的一個小小功夫學會。

求學時期的功夫練習

陸地的尋武問道之路，當從他的中學時代說起。當時縱使他著迷於李小龍的功夫，卻仍未有想去學武的念頭。直到一九七四年他升上中二，在校慶表演上看到有位老師表演了詠春的小念頭，才終於引起了他的興趣。「我是一九七三年入讀華英中學，學校每年的十一月都會舉辦校慶活動及畢業典禮，這個傳統到今天仍一直延續著。我記得中二那一年，有一位黃老師上台表演了一套太極拳，另一位劉老師則表演了詠春的小念頭，還有一位關學長表演了一套迷蹤羅漢拳。大家都看得十分興奮，校園裡更因此掀起了一股習武風潮。那位劉老師雖然翌年便沒再任教，離開了學校，但他表演的那套小念頭，不知為何深深吸引了我，令我對詠春拳充滿了興趣。」陸地說不久後，校內更成立了一個功夫學會，跟地理學會、棋藝學會、集郵學會一樣，以培育學生的興趣為前提，讓同學們可以在課餘時間互相交流不知從哪裡學來的武學心得。

「當時關學長所教的迷蹤羅漢拳，因為很好看，所以也成為了最多同學感興趣的功夫。但我就覺得太難學了，所以就跟其他學過詠春的同學玩小念頭和黐手。不說你不知，這位關學長從那個時候開始教拳，一直來到今天，已經成為了迷蹤羅漢拳的一代大師，而且當年他在功夫學會裡，也真的教了一大班學生出來。而我當時則是鬧著玩，我記得我還試過跟著林世榮出版的兩本書籍，學著怎樣玩工字伏虎拳和虎鶴雙形拳，但在沒有教練指導下，還是覺得洪拳也太難了，所以最後也放棄了，就專心玩詠春算了。」

對於陸地來說，這段中學時期習武的日子，可以說是充滿了歡樂，他還開玩笑地收了不少同學做徒弟，而他的徒弟又收了其他同學做徒弟，所以那個時候他已經是不少同學的師公了。當然，陸地知道這都是像興趣班一樣，以玩票性質為主，所以在他的心裡始終渴望能夠到坊間的武館裡，正式拜師學藝。奈何礙於父母的反對，所以這個心願一直都未能實現。「跟一般人一樣，在讀書時期，一切都由父母作主，他們反對我學武，我也只能遵從他們的要求。而且初中的時候，我很懶讀書，成績也不好，他們自然逼我專注在讀書上，而不是花時間跑去學武。再加上，當時的武館，普遍品流比較複雜，為了避免我學壞，所以在我的求學階段裡，他們一直都要求我遠離武館。」到了一九七七年，大家為了專心準備當年的會考，這個武術學會也解散了。而陸地就要等到後來到英國升讀大學時，才再次在異鄉接觸到詠春拳。

「一九八〇年，我到了英國倫敦大學修讀法律。我和當時從香港去留學的學生一樣，都是苦學生。大家住在宿舍，過著很簡單的生活，沒什麼嗜好。而功夫便成為了大家最常傾談的話題。我也有教一些同學詠春拳，但並不是像中學時為了『認叻』，而是為了有人可以陪我練習。詠春拳有一個特色，就是一個人是練不到的，要有人跟你對練才能玩到黐手。所以我便教了一些同學，讓他們成為我的練習對手。我記得當時大學校園裡有一個詠春班，雖然我也很想參加，但我真的沒有時間。因為倫敦大學各個學生宿舍都分散得很遠，如果你讀醫科牙科，那麼你很幸運，醫學院就在宿舍旁，你可以步行上學。但我們法律系的宿舍就離學校很遠，我每天都要坐半個多小時火車才能回到學校，所以在時間上我真的負擔不起。雖然有點可惜，但我還是常常找那個詠春班的同學互相交流、切磋和印證。原來當時大家還是停留在練小念頭的階段，仍未學到詠春的第二套拳尋橋。我後來才知道，教授那個詠春班的導師，是一位叫 Nino 的菲律賓人，他原來跟我同一個師父，都是黃淳樑的徒弟。」

到了八十年代初，風靡全球的李小龍熱潮仍未消退，所以當時在很多外國人的印象中，中國人早已不是東亞病夫，相反個個都是武林高手。這也使陸地漸漸明白到，中國功夫不再是一種單純的武術，它已變成了一種文化，一種全球的共同語言，透過功夫可以跟不同的人交流。「當時作為華人有兩件事是值得我們自豪的，一是我們懂功夫，二是我們懂得打乒乓球。我記得有次我們在校園裡，見到大學的乒乓球校隊正在練習，於是我們就走去跟他們比賽，結果他們輸了給業餘的我們。可見，中國人在某些方面真的比外國人優秀，我們的身體比較靈活，所以在乒乓球和功夫方面的表現，都比較容易練得好。這裡我想分享一個笑話，當時我有一位朋友，他學得比較雜，練很多種拳，包括詠春拳和螳螂拳等等。有一晚，他回來宿舍的時候，遇到兩個醉酒的外國人用粗口罵他，還說了一些侮辱中國人的說話，結果他們就打起上來。我朋友一動手，其中一個外國人就躺下了，另一個見狀便立即逃跑掉了。其他外國同學知道了這件事後，都很崇拜他，覺得他功夫很好。」

「但好笑的地方在哪裡呢？因為這件事讓他信心爆棚，加上外國同學們都覺得他很厲害，於是後來有一次，大家著他表演功夫，他為了彰顯自己的厲害，竟然說要表演空手入白刃這種高難度的動作。而更可怕的是，他叫同學用一把很鋒利的真刀砍他。當同學舉起刀，想要砍向他時，他起腳一踢，就踢掉了同學手上的刀，然後再連環接一個動作，便順利制服了那位同學。大家看後，當然都很佩服他。可是那根本不是空手入白刃，而且重點是，當他示範完，很自負地轉身離開時，走了兩步便發現自己的腳不知為何濕了。他把鞋脫掉，才知道原來剛才他的腳已經被刀割傷了。幸好他穿了比較厚的鞋和襪，才沒有受到太嚴重的傷。後來到我拜了黃淳樑為師後，他跟我說，他從來不會教空手入白刃，因為這是一種很蠢的打鬥方式。他說如果當敵人有兵器在手，你沒有的話，你只有兩個選擇，一是立即逃跑，盡快離開；在無可奈何一定要打的情況下，便要拿起身邊任何一件物件來當兵器，這樣才能稍為對等一點。如果對手有兵器，尤其是利器，我師父的意見就是不要打，因為風險實在太大了。」

回港後的武館體驗

經過了三年的大學生活，再加一年為了準備專業試的寒窗苦讀，陸地終於成功在英國考獲了律師資格，並決定在一九八四年回港發展。但他回到香港後，第一件事並不是找工作，而是到處去尋找適合的武館正式拜師學藝，以完成自己多年來的夢想，畢竟這是他在整段求學時期一直念念不忘的事。「我始終覺得上武館學功夫，才是真正的學武；以前在學校學的，就真的只是興趣，跟武館完全是兩回事。」結果，他很快就在尖沙咀找到了一位詠春師傅願意收他為徒，而平時練武的地方，更是正宗的天台武館。「八四至八六年，是我正式學武的第一個階段。當時我在尖沙咀，找到一間很理想的武館。師父住在頂樓，天台就用來教拳，是真真正正的天台武館。每次去到我都要爬樓梯爬到頂樓，跟師父報到，之後便上天台等他。那個天台有一半是鐵皮屋，一半則是露天的。木人樁就放了在鐵皮屋那邊。當時我在他那裡學了兩種功夫，一是太極拳，太極拳我只學了最基本的廿四式；另一種就是詠春。那兩年，我從小念頭，到尋橋，一路學到標指。」

天台武館曾經是香港一道特殊的文化風景。自一九四九年以後，有很多內地的武師來到香港定居，並以開辦武館授徒為生。所以那個時代的香港，完完全全是一個國術大熔爐。不管是南派的洪、劉、蔡、李、莫，還是北方的形意、八極、太極，都總能在香港找到一席之地。其時香港雖未有地產霸權，但始終寸金尺土，要找一個空間大負擔又小的地方教拳，最便捷的方法就是上天台。據調查顯示，在六十至七十年代是武館的全盛時期，數量多達四百一十八間。可是後來香港政府正式立法規管武館的經營，加上香港經濟逐漸起飛，樓價開始上升，而且社會治安也得到了明顯的改善，市民無需到武館學習一招半式傍身，於是天台武館便開始慢慢式微。最後一間天台武館亦已經在二〇一〇年四月關門，這道文化風景從此不再復見。

一九八四年回到香港學武的陸地，可以說是趕上了天台武館的尾班車。他至今仍然非常懷念那裡的環境。如果當年不是發生了一件事，或許他會繼續在那間武館待下去。「當我學完了尋橋，正準備要學標指和木人樁的時候，師父就跟我說，標指和木人樁屬於詠春不傳之秘，如果我要學的話，便需要逐節計錢，木人樁一共有十節，而且一節比一節貴，行遞進制。這時我就覺得不妥了，因為去到後面的節數，我根本負擔不起，即是我學到一半就不能再學下去。學東西最怕半天吊，這令我覺得很沒意思。而且雖然那個時候思想還很單純，但我還是會想，那位師父又不是什麼出名的名師，到今天也不知道他是誰，更不知道他的詠春是跟誰學的，所以我最後還是決定不跟他學了，開始出去另覓師傅。當然，那個天台武館的環境是真的一流。可能在學武上，那兩年我是浪費了時間，但天台武館的體驗卻是我很珍貴的回憶。」

離開了天台武館，陸地開始四出尋找其他詠春師傅，但過程卻不是很順利，幸好有他的太太一直陪同左右。「我八四年回港後便開始拍拖，那位女朋友便是我現在的太太。當時我四處上武館找師傅，她都陪著我走，甚至在我練拳時，她都會待在一邊看著我，我倆基本上是形影不離的。太太一直支持我學武，即使到了今天她仍然很支持。她給了我很大的空間去發展我的興趣，她甚至可以說是見證了我整段武學人生。如果沒有她的支持，我應該沒可能在這方面有所發展。所以，八六年我離開天台武館後，她再一次陪著我到處奔走。有一次，我去了找一位香港知名度頗高的詠春師傅，是哪一位我就不說了，總之在八十年代的武術界人人都知道他。可惜上到武館，看一看時間表，便發現他沒有在任教，所有班都是由徒弟來教的。於是我就問他們，我可不可以跟那位知名度高的師傅學武？他們說要我先報名，學了一段時間，有了一定程度，才會推薦我給師父。當時我又覺得不是味道，因為我是慕名而來，想跟這位大師傅學武的，如果要我先跟他的徒弟學，那豈不是低了一輩？雖說將來會介紹我，但那是將來的事，而且也不知要等到什麼時候。所以最後我還是失望地離開了。」

但奇妙的事情很快就發生了。就在陸地和太太一起從彌敦道，走進永星里，來到近救世軍門外那個的士站，準備搭的士回家的時候，他抬頭一看，便被一個黃色底，黑色字，非常醒目的大招牌吸引著，上面正正寫著五個大字：「詠春黃淳樑」。黃淳樑是詠春一代宗師葉問的弟子，有「講手王」之稱，傳說有接近百次天台比武不敗紀錄，而他更是李小龍的授業師兄。可是，雖然黃淳樑很早就成名於香港武術界，但到了八十年代他的聲名竟沒那位詠春師傅那麼大，而當時的陸地根本不知道黃淳樑是誰，他當時只是覺得反正就在咫尺，不如上去看看。於是他便攜著太太的手，走進了黃淳樑的武館，自此方才正式展開了他的詠春之路。

「上到去，便見到他在教徒弟，當然不敢打擾他，我就和太太站在旁邊看。他也沒有理我，我想他已經很習慣經常有人上來參觀。教了一會，到了休息時間，他便走來問我是不是想學拳？我說是呀，我有興趣。然後我問他是不是黃師傅？他說是，我再問，這裡的功夫是不是由你親自教的？他說是。接著我就告訴他我的故事。我說我之前在天台武館學到標指，當時那位師父告訴我標指是最高級的了，後來的木人樁就更是秘傳。我問他，標指是不是很難才會教人？他說如果標指是詠春最強那套拳，那他就只會教標指，不用教小念頭和尋橋了。事實上，這三套拳其實都很重要，只不過你要經過一個循序漸進的過程去理解什麼是詠春拳。我說我三套拳都學完了，但他卻說，因為不知道我跟誰學，所學的跟他有沒有不同，所以如果我想跟他學的話，就要由頭學過，他要我跟從他的方法來學。我聽了他的話後，也覺得很有同感。之後，我們一直談了差不多一小時，到我臨走前，我就問他，如果標指不是詠春的最高境界，那什麼才是？他的答案讓我留下很深的印象。他說最高境界是做詠春的主人，而不是讓詠春做你的主人。」

「這句話，當時我半懂不懂，但現在當然懂了。他的意思就是練習與運用是兩回事。一般人都分不清練習與運用，練習的時候，有分拳派，有分練習方法，有特定的過程。但到了真正運用的時候，所有練習時用過的東西都要放下，否則，你就會被練習的方式所限制。如果你像看電影那樣，因為你學詠春拳，所以跟人對戰時就擺了一個攤手來，那其實就等如在告訴對手，你下一個動作將會做什麼。這絕對是打架的大忌。練習是為了讓身體能建立起反應，讓你在對戰時有更多的『工具』可以用，而不是限制了你怎樣用。所以對戰不應該有形式，有形式的話就會限制了你，你就很容易會輸，因為對手可以看穿你的形式和路數。而那次跟黃師父的傾談，真的令我很感動。我作為一個陌生人，上到他的武館觀看，才初次見面，他便願意跟我分享這麼多寶貴的意見，我想他絕對是一位好師父，所以我便決定跟著他，把詠春拳重新學一遍。」

黃淳樑篇

黃
育
為

黃淳樑自小熱愛武術，喜與人切磋，在一次敗於葉問後，心悅誠服，從此拜師學習詠春拳，並得到「講手王」的美譽。陸地初邂逅黃淳樑的時候，還未知他是葉問的高徒，但兩人短短一席話，已經令陸地感受到：這位師父值得跟。

葉問與年輕時的黃淳樑。

年輕時的黃淳樑。

左起：陸地的二師兄楊義才、師父黃淳樑、大師兄胡振南。五十年代三人於出發赴天台比武前攝。

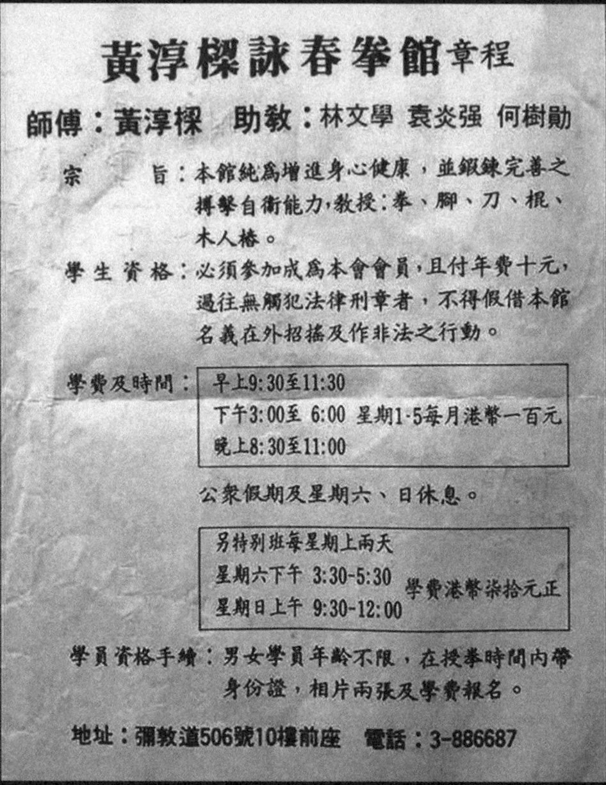

黃淳樑詠春拳館章程

師傅：黃淳樑　助教：林文學 袁炎强 何樹勛

宗　　旨：本館純爲增進身心健康，並鍛鍊完善之搏擊自衛能力，教授：拳、脚、刀、棍、木人樁。

學生資格：必須參加成爲本會會員，且付年費十元，過往無觸犯法律刑章者，不得假借本館名義在外招搖及作非法之行動。

學費及時間：

早上9:30至11:30 下午3:00至 6:00 晚上8:30至11:00	星期1-5每月港幣一百元

公衆假期及星期六、日休息。

另特別班每星期上兩天 星期六下午 3:30-5:30 星期日上午 9:30-12:00	學費港幣柒拾元正

學員資格手續：男女學員年齡不限，在授拳時間內帶身份證，相片兩張及學費報名。

地址：彌敦道506號10樓前座　電話：3-886687

陸地當年在黃淳樑武館學習時的章程。由於一個師父無法同時親身教授多名弟子，故又設授業師兄的制度，由師兄傳授新的徒弟武術。陸地的授業師兄，正是章程裡三名助教之一的袁炎強。

黃淳樑示範詠春裡的正身腳。正身腳是詠春腳法的基本，同時也是重要的根基。照片中黃淳樑所踢出來的高度，是非常困難的技術。

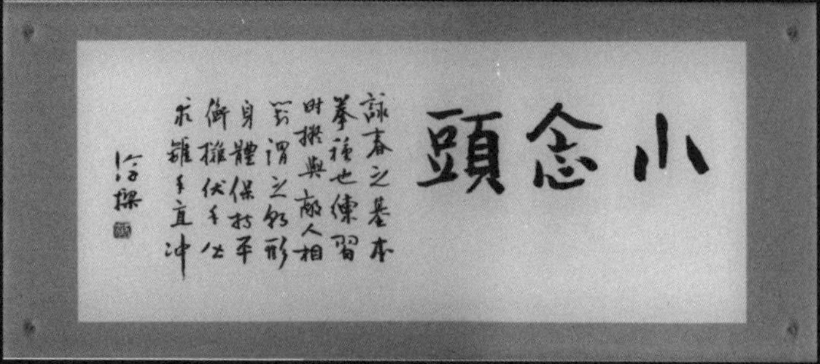

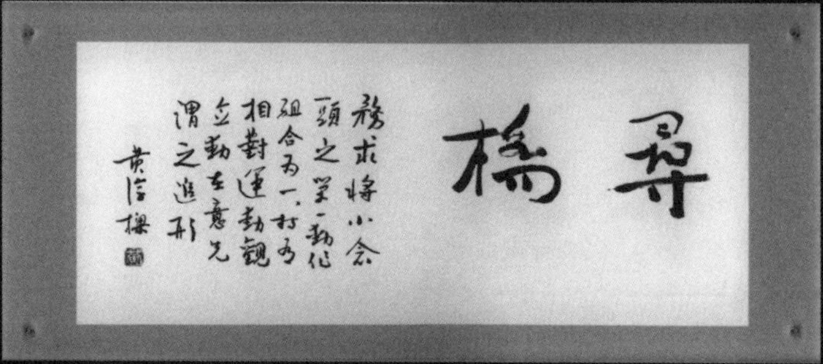

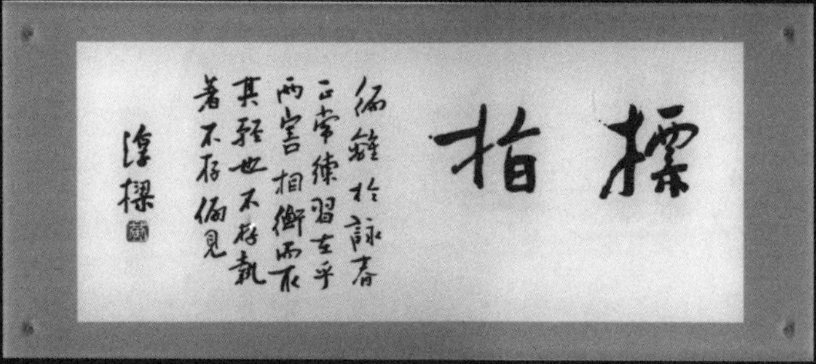

黃淳樑的六幅墨寶，記載了詠春裡不同功夫的心法。

小念頭：詠春之基本拳種也。練習時擬與敵人相對，謂之朝形。身體保持平衡，攤伏手務求離手直沖。

尋橋：務求將小念頭之單一動作組合為一，持有相對運動觀念。動在意先，謂之追形。

標指：偏離於詠春正常練習，在乎兩害相衡而取其輕也。不存執著，不存偏見。

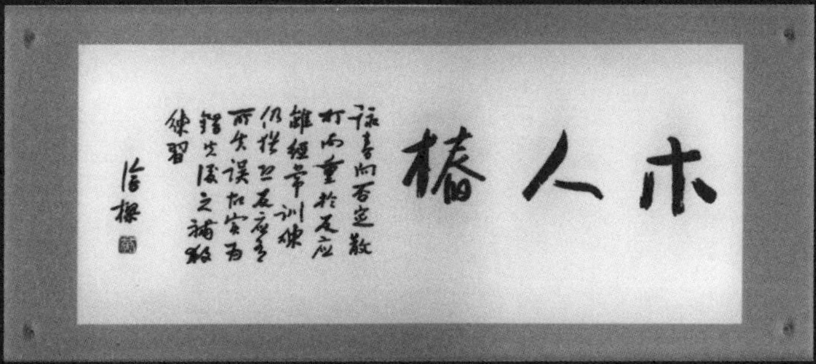

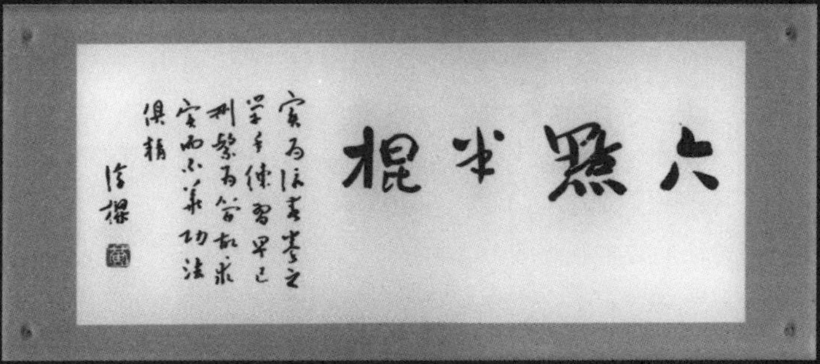

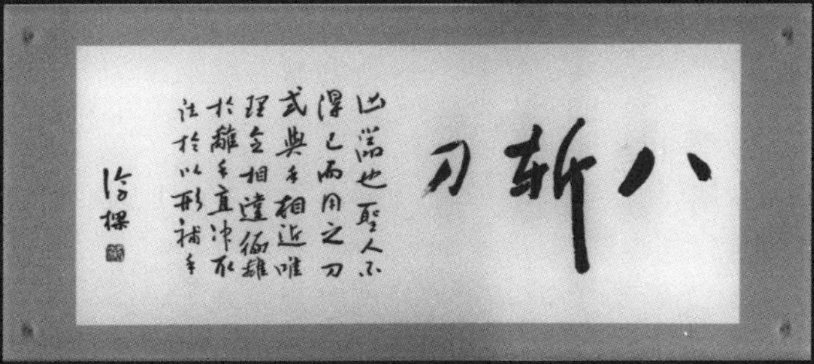

木人樁：詠春向沓定散打，而重於反應。雖經常訓練，仍猶恐反應有所失誤。故實為錯失後之補救練習。

六點半棍：實為詠春拳之單手練習。早已刪繁為簡，故求實而不華，功法俱精。

八斬刀：兇器也，聖人不得已而用之。刀式與手相近，唯理念相違。偏離於離手直沖，取法於以形補手。

一九三五年於香港出生的黃淳樑，自小便熱愛武術，曾隨父親學習太極拳，少年時再在學校裡練習西洋拳。自十多歲起，他更經常到不同門派的武館觀摩，一有機會更敢於出手切磋，親自印證哪些是真功夫。然而，憑著其得天獨厚的武術天賦，即使身材比其他人矮小，黃淳樑也總能在切磋中獲勝，使得他對所謂的中國武術感到愈來愈失望。直到一九五三年，十八歲的他來到葉問位於深水埗的武館，準備跟這位大師驗證詠春拳的真偽。經過了一輪比試，結果黃淳樑戰敗，但這也是他第一次體會到中國武術的真正威力，所以敗得心悅誠服，接著便順理成章地，拜了葉問為師，學習詠春拳。

由於黃淳樑從不相信傳統中國武術那些玄妙神秘的傳說，所以每學一種手法或動作時都會向葉問尋根究底，而葉問本人因曾受西方教育，促使他對於功夫技藝抱有一種較開明的態度，由他所傳授的詠春拳，也較為著重物理科學及人體力學理論，是故師徒兩人一拍即合。再加上當時香港，武館之間盛行比武講手之風氣，喜歡實踐又年少氣盛的黃淳樑，自然有很多機會可以一展所長。據聞，在黃淳樑二十至二十四歲之間，便已經身經百戰，並有連續八十多場不敗紀錄。本來仍是剛起步不久的葉問詠春拳，也隨著黃淳樑的場場勝利，而漸漸打響了名堂，在香港武林佔下重要的一席位。後來，黃淳樑更被武林中人美譽為「講手王」，與「念頭王」徐尚田、「指標王」梁相、「尋橋王」駱耀，並稱為詠春派的「四大天王」。

但更難得的是，黃淳樑在每次比試之後，都會認真地檢討對戰時的表現，甚至寫下筆記，不斷改良及修正各種技術或動作，以更貼近並適用於實際的技擊應用。而這些經驗，為他日後鑽研及整理出「詠春拳學」奠下了寶貴的基礎。黃淳樑二十八歲時，在葉問的鼓勵下，在油麻地正式開館授徒。這時他已甚少跟人比武，而是一邊培訓新一代的詠春門人，一邊潛心鑽研技擊拳理。到了一九八六年，二十六歲的陸地邂逅了五十一歲的黃淳樑。當時的陸地，並不知道眼前人就是大名鼎鼎的黃淳樑。他只知道，這位願意無私地跟一位素未謀面的年輕人分享詠春拳心得的前輩，一定是一位好師父，所以才會決定拜他為師，重新學習詠春拳。直到一九九七年，黃淳樑因急病離世，這兩師徒的緣份一共維持了十一年。

由小念頭從頭學起

陸地說，時至今日他仍清楚記得第一天跟黃淳樑學武的情形：「其實當日幾搞笑。他一開始就叫我把以前學過的詠春，先打一次給他看。那時我還有點牙擦，因為之前我也學了足足兩年。所以我想，打完給師父看後，說不定可以跳班，直接就可以學標指了。於是我特別用心去打，誰想打完之後，他只是輕輕的跟我說了一句：『不如從頭學過啦！』哈哈。我覺得黃師父這方面跟葉問很相似，他從來不會直接跟你說不行，不會說你打得很差，更不會批評其他師傅教錯了。但你一聽便能明白。我認為這是一種很好的教導方法，所以今天到我自己教導徒弟時，也承襲了這套方法。我從不會說別人教錯，我只會說我的方法是這樣而已，然後解釋當中的理由，再示範一次給他們看。」

於是，陸地便從小念頭開始，重新跟黃淳樑學習詠春拳，當然黃淳樑的教法跟他之前那位詠春師父完全不同。「我很快就明白到，標指並不是詠春拳的秘學。相反，從小念頭、尋橋，到標指，以及之後的木人樁，其實都是詠春拳的練習方法，並沒有什麼必殺技，或倒過來說，只要你練得好，招招都可以是必殺技。」那麼這三拳一樁究竟是練什麼呢？黃淳樑就曾經這樣講過：小念頭是

「朝形手」、尋橋就是「追形手」、標指就是「敗形手」。「對於『朝形』的理解，師父說就像一開始學習射槍，個人要站定，朝著個標靶開槍。『追形』就是晉一級，那個標靶不只在你面前，還會在你身前身後三百六十度出現。所以從小念頭到尋橋，是一次幾何級數的提升。至於標指所謂的『敗形』，就是指當你與人對戰，實際上並不會很順利，很多時你都會處於『敗勢』，例如出錯手、進錯腳，甚至已經被人按在地上打。這個時候，就是標指發揮威力的時候。它未必能令你一下就反敗為勝，但至少有機會可以扭轉眼前的『敗勢』。」

例如標指裡最後有幾下動作，很多人都會稱作「三拜佛」，因為這幾下動作就像拜神。陸地說很多人都有樣學樣，但並不是人人都明白這幾下動作有什麼用。黃淳樑卻很清楚地解釋過：「師父說，這幾下動作，就是當你被人按在地上，對方另一隻手還要拿著一個啤酒樽，準備往你的頭部扑下去時，用來保命的。面對這種狀況，首先你寧可犧牲一隻手，也要保護個頭，一隻手受傷了，你還有機會繼續打，或是逃走，頭被打中了，你也完了。而這幾下動作，還有一個特別之處，就是當你從地上彈起來，同時伸出手去擋格對方時，那個力度是很大的，可以很輕易就將對方整個人也彈開。」

陸地說，有一次他剛跟其中一位徒弟講解完這一招「三拜佛」，然後這位徒弟就走去跟另一位比他資深很多的師兄練習黐手。那位師兄剛好一招就把他按倒在地，然後那位徒弟下意識地就做了「三拜佛」那個動作，從地上彈起來，同時一隻手保護自己個頭，另一隻手剛好托起對方的拳頭，結果那位師兄被他彈開了三呎多，並跌倒在地，驚訝得說不出話來。「後來過了幾個星期，在我生日那天，那位師兄本來準備要表演一套功夫來幫我慶生，但他卻說上次因為在無防備下中了這招，受了點傷，現在還未康復，要休養三個月，所以不能表演了，只能恭喜我說那位師弟是百年難得一遇的武學奇才。哈哈。他當然是說笑，但從這個例子可見，標指其實隱藏了很大的威力，足以讓你從『敗勢』中逆轉過來。或許當你學的時候，看似平平無奇，但到了應用的時候，效果著實會嚇你一跳。」

黃淳樑的教學還有一個特色，就是先教小念頭和尋橋，然後直接就教木人樁前四節，之後回到標指，最後才教剩下來的六節木人樁。「雖然一般的教法是要先教完標指，才到木人樁，但師父認為，木人樁的頭四節，都是經常會用到的動作，可以先學。而且由尋橋跳上去學標指，中間的階梯其實頗高，相反如果能先鍛煉好頭四節的木人樁，便能為學標指打下更穩固的根基。當然，還有一個很實在的原因，就是學生能夠早點摸一下木人樁，他們會更開心，不用覺得木人樁神聖不可侵犯，學了好幾年都不能摸。」說到木人樁，陸地說當年黃淳樑教他木人樁時，曾有一段尷尬卻難忘的經驗，現在回想起來還覺得很搞笑。

「我們詠春一般來說，每個學生都有一位授業師兄，授業師兄除了會單對單作出指導、跟我們練習黐手之外，有時還會代替師父教我們功夫。我前幾節的木人樁便是授業師兄教我的。當我學到某一個階段時，師父就走來跟我說，要我晚上再來武館，打算把最後那幾節也教給我。可知，能夠得到師父親自收尾，絕對是一種榮耀。於是我當晚就滿心期待地走上武館，準備完成整套木人樁。怎料，上到去便見到還有一位師兄正在打木人樁，原來他也是師父請來的，師父那晚是打算幫我們兩人完成整套木人樁。但當時我見到他的打扮很奇怪，他雙手都穿了一對手袖，套住整條手臂。我就問他，為什麼要穿手袖，是不是一種特別的練法？他就說，不是啦，只是手臂生了皮膚病。我一聽心裡就涼了。皮膚病？那我等會打木人樁會不會被感染？但那晚是師父特別安排我們來學木人樁的，可是千載難逢的機會呀，下一次又不知要等到何時，絕對不能一走了之。結果，我也只能硬著頭皮上，幸好最後並沒有被感染，但那時真的很大壓力，學完之後回到家也一直擔心自己會不會得了皮膚病。」

但最令陸地難忘的，是黃淳樑的「詠春講堂」。在他初拜黃淳樑為師，重新學習詠春不到一年後，黃淳樑便受到邀請，每隔幾個月就要到外國教拳。在出發之前，他都會將準備要教的東西，對香港的徒弟預先講解一遍。而當中的內容，跟平時練功所教的東西不只完全不同，陸地形容那是詠春拳的精華，是「身法」、「技法」以外的「心法」。「那個年代，外國很流行邀請香港的師傅去教拳，就像明星出埠登台那樣，既可賺到比較多錢，又能跟外國的同門交流一下。師父也很樂意外訪，而他每次出國前，都會像綵排一樣，先跟我們演練一次，他會說：『我在幾月幾日幾點鐘會講一堂課，大家可以自由參加。』我當然不會錯過學習的機會，想不到第一次上他的講堂，我就如獲至寶！這是我人生中，第一次遇見一個武師，會用粉筆在黑板上把不同招式或動作分別畫出來，而且附上數學或力學的算式，告訴我們在物理上、時間上、距離上，可以怎樣戰勝對手。講解完他更親自再示範一次。」

黃淳樑曾經說過，自己的徒弟可以分成兩種，一種是非常著重實戰的，他們願意不斷苦練；另一種就是比較有興趣去了解武術拳理背後的意義，他們大多是受過教育，條件比較好的一群。而陸地明顯屬於後者。「坦白說，著重實戰的師兄弟真的對那些數學、物理不感興趣，但對於我這種書生而言，這些內容能使我們進一步了解到，平時練習的拳法背後所包含的意義，每一個動作，為什麼會這樣動，原來都有原因的，而且有合乎科學的解釋。我聽完他的課後，都會做筆記，把學到的東西都抄下來，然後再去試驗，每一次都發現師父所教的，真的十分有效！所以那十一年來，我從沒有錯過一堂課，甚至是迷上了。而且我發現他從沒有重複，即使都是講小念頭，他每一次講都有新的體會和見解，這代表了他自己其實也在不斷提升，在武學的路上從沒有停過下來。」

功夫就是時間的累積

完成了「三拳一樁」後，陸地終於可以正式學習詠春的兵器。詠春的兵器有兩種，分別是六點半棍和八斬刀。相傳六點半棍法源自少林，本來並非詠春派的功夫。話說當年清兵火燒少林寺，至善禪師逃難到反清地下組織紅船戲班裡，躲避官府的追捕。他見戲班弟子梁二娣每天都在划船，終日杆不離手，臂力雄渾，便決定將六點半棍法傳給他。而梁二娣因與詠春武術家黃華寶是知己好友，後來兩人更將詠春拳和六點半棍法交換練習，互相研究取長捨短，最後混成一家，所以六點半棍自此便成為了詠春派必修的兵器之一。但由於六點半棍法採用的是四平大馬，與詠春所用的二字拑羊馬完全不同，所以對於一般詠春門人來說，要學習六點半棍法，便要由基本功從頭學起。當年陸地練坐棍馬和扯棍錘，就差不多花了八個月時間。

「坐棍馬是六點半棍法的基本功，扯棍錘就是在坐棍馬之上，再左右兩邊來回操控長棍的擺動，練的就是腰馬力，都是比較艱苦的鍛煉，真的需要花時間去浸淫。即使是我現在的徒弟也不是個個都做到，有些即使學全了整套棍法，但那個馬仍未坐得夠好。所以，玩棍玩得好的人並不多。當時我並沒有很心急，就慢慢一步一步地練。因為我覺得學中國功夫，沒有花上十年八載，是練不好基本功的。現在很多人都很心急，三五年就想拿教練證出來教人。但功夫兩個字，在廣東話裡除了指武術之外，還包括了時間的意思。任何藝術、工藝，甚至烹飪，都是功夫來的，而功夫就是時間的累積，沒有時間累積你就不會有功夫，所以我經常跟徒弟講，叫他們不要心急，要花時間練，最後才能練到真正的功夫。」

功夫就是時間，練武不用心急。然而，人與人之間的關係，有時卻是分秒必爭。在這十一年裡，陸地從黃淳樑身上學習到的，不只三拳一樁和六點半棍法，還有很多關於武學的知識和實際應用技巧。可惜，一九九七年一月二十八日黃淳樑因急病去世，師徒倆的緣份也只能告一段落。「一九九六年，師父受到國家體委武術運動管理中心培訓部的邀請，要他上北京教授詠春拳。他十分看重這件事，也花了很多心力想做到最好。在他出發去北京之前，他其實已經把八斬刀的基本功、理論和心法教了給我，就差刀法要等他從北京回來後再教。可惜他回港不久後就逝世了，所以我其中一件最遺憾的事，就是未能學完他整套八斬刀。」當年黃淳樑入院之後，陸地也立即趕到醫院，可是當時黃淳樑已經在深切治療部，完全失去知覺，陸地只能靜靜地待在他身邊，伴他走完最後彌留的日子。在處理黃淳樑的身後事時，他才發現自己竟然連一張與師父的合照都沒有，他很後悔平時把這段師徒關係看得太過理所當然，這便是另一件令他最引以為憾的事。

後來再重新認識黃淳樑

回憶黃淳樑，陸地覺得他是一個很率直的人，或許由於他擅於實戰，無論教學或做事也講求實事求是，跟徒弟之間的溝通也是以功夫為主，很少會談及自己的私事。至於黃淳樑年輕時的「威水史」，陸地也是後來才從其他人口中陸續知道。「我最先知道的，就是自己原來是葉問的徒孫。當時師父要把武館從油麻地搬到旺角，也就是今天詠春體育會的會址。由於我是律師，所以在搬遷的過程中，我有幫他辦理一些法律文件，然後他就順便邀請了我去當詠春體育會的法律顧問。自此，我就認識了很多師叔伯，也從他們身上，聽到很多關於他們那一輩的故事，慢慢就知道師父與葉問師公的關係，知道所謂的『四大弟子』，亦即是今天大家所講的『四大天王』，也知道他更是我偶像李小龍的授業師兄。說起『四大天王』，徐尚田師伯被稱為『念頭王』是真的，因為他在小念頭上真的下了很多功夫；我師父被稱為『講手王』也是真的；但駱耀師伯其實被稱作『棍王』，因為他的六點半棍打得很好；他和梁相大師伯分別被稱作『尋橋王』和『標指王』，其實是當時的記者們，為了讓師公的『四大弟子』都能有個好聽的稱號，而作出來給他倆的。」

在六、七十年代，伴隨著李小龍的電影以及金庸武俠小說的流行，香港曾經掀起過一股功夫熱潮，當中不少武術雜誌更應運而生。他們會採訪不同的門派，介紹各自的武學特色，有些記者甚至會報導門派之間「講手」比試的戰況。當年的陸地，也曾透過這些雜誌，進一步認識黃淳樑的事蹟。「我記得其中有本叫《新武俠》的雜誌，不時會刊登一些關於師父的文章。有些師兄弟買了，便會影印分享給我們看，我才開始知道他的事蹟。後來，還有一本叫《武魂》的雜誌，是北京體育局出版的。當時中國武術協會便曾經跟這本雜誌合作，一連五期，刊登了師父『講手』的事蹟，以及他對於『詠春拳學』的看法。那幾本雜誌我都有買下來，而且還珍而重之地找人重新裝訂成一本硬皮書，很有紀念價值呢。」據說，黃淳樑曾在雜誌上發表過一系列叫作「講手四十回」的文章，分享了他每一次比試後的自我檢討、對拳學的印證，以及對戰心得。可惜這些珍貴的紀錄，後來隨著雜誌停刊，也只能保留在各人的回憶之中。

當然，葉問與黃淳樑的往事，甚至是詠春拳本身，在二〇〇八年一系列的《葉問》電影上映之前，其實並未廣泛被香港人所認識。就像每個門派都有自己的故事一樣，這些故事大抵上只是一般江湖軼聞，在各大門派與武館之間互相流傳。即使是黃飛鴻與洪拳，如果沒有經過電影的渲染，也未必能變成像今天那樣家傳戶曉。「那個時代，真的簡單得多。當時香港就只有一種詠春拳，而宗師就是葉問，對於我來說，他就是我們詠春拳的阿頭。但到了今時今日，就出現了二十多種詠春拳，變得愈來愈複雜。」

而在黃淳樑過世後，因為梁敏滔打算出版一本關於李小龍的書，叫《李小龍技擊術》。但當中有一大部份的內容卻是關於黃淳樑的，於是梁敏滔便找了黃淳樑的太太幫忙，而黃淳樑的太太便把陸地引薦了給他。「我一直都覺得，沒錯，我是黃淳樑的徒弟，但我只不過是他其中一個普通的徒弟，一個不是最好打，也不是最出名的普通徒弟，但師母卻很看重我，或許覺得我和師父比較親近。在師父過身後，她還鼓勵我接替師父，出任詠春體育會董事一職。後來，還叫我幫梁敏滔先生完成那本書。不過，當年我在那本書裡，寫過一篇比較詠春與截拳道的文章，其實是非常不成熟，現在看來甚至是充滿了偏見的文章。因為那篇文章是在一九九八年寫的，一九九八年我對截拳道能有多大理解？與現在已經鍛煉了二十多年截拳道的我相比，當中的差別的確很大，對兩種武術的理解也有很大的改變。所以今次我希望可以透過自己的這本書，去糾正當年的誤解（詳情請參閱本書第三章）。但無論怎樣，在這裡，我真的要多謝梁敏滔先生，因為有份參與編寫那本書，我才有機會更深入地了解師父的武學思想，以及從另一個角度知道他與李小龍之間的關係。也因為那本書，我更能認識到我截拳道的師父黃錦銘，又從黃錦銘師父認識到李小龍的家人，甚至連當年李小龍寫給黃淳樑的信件，我都有幸保存至今。」

葉正篇

葉正於佛山葉（亦即第一間紀念館）示範半棍。葉正被為六點半棍手，技藝精湛

葉正，詠春宗師葉問的次子，繼承了父親的精神，開明開放，容許弟子在不離詠春「正統」的前提下，打出個人風格。葉正師叔多年來對陸地傾囊相授，但由於同門無二師，陸地是待黃淳樑師父離世多年後，才正式再拜葉正為師。

上：陸地與葉正，攝於葉正的家，亦即葉問故居。二人身後的木人樁，正是葉問生前拍攝示範影片時用的一座，陸地亦曾以此樁修練十多年。木人樁今已捐予葉問紀念館。

下：陸地跪地正式向葉正拜師時攝。

兩師徒攝於葉正家。牆壁中央掛著葉問的銅雕頭像，上方是「詠春絕技」的題字。

詠春體育會第一屆裁判班畢業禮。前排右起：張國中（詠春國家級裁判，擔任此裁判班的客席講師）、陸地、唐祖志（陸地師叔）、賈安良（應屆詠春體育會主席）、葉正、蕭煜民（陸地師叔），最左二人為陸地的同門師兄弟。後排為裁判班的其他講師，均為陸地同輩。

攝於葉正八十大壽時。左起：葉正太太、葉正、葉問長子葉準、葉問女兒。最右者不明。

葉正與眾弟子於八十大壽時合照，最右者為陸地。

上：葉正於壽宴時進場。

下：另一幅葉正與弟子合照，多為外國人或居於海外的弟子。

一九三六年在廣東佛山市出生的葉正，本名葉學正，是詠春宗師葉問的次子。葉正自七歲起便跟從父親學習詠春拳，但六年後葉問便隻身前往香港，直到一九六二年，二十六歲的葉正才再次跟他在香港團聚，並開始在葉問的武館裡擔任助教。那時葉問雖然已在深水埗區設館授徒多年，但收入仍不足以為生，葉正曾經講述當年所面對的困難：「一則詠春當時在香港並不流行，學的人少；二則學功夫的人流動性很大，收入並不穩定。而且先父的心願是推廣詠春拳，所以並不主張收太貴的學費，希望多些人能負擔得起。一九六二至一九六三年，他收取的學費為日間每月十五元，夜間每月三十元。」所以，為了幫補生計，葉正白天需要到工廠打工，到了晚上才回到武館，一邊擔任助教，一邊與師兄弟一起練功習武。這段時間雖然艱苦，但相對於年幼時在佛山學習詠春的日子，對於葉正來說，在香港與葉問共同生活的這短短十年間，才是他真正認識父親，真正認識詠春拳的開始。

葉正特別尊崇父親的武德，尤其是後來詠春拳因為葉問的關係而在香港，甚至世界各地發揚光大，他都不曾以「詠春正宗」自居，更不喜歡人家稱他為「宗師」，他只會說：「我們學的是佛山詠春。」而最重要的是，葉問認為只要不違反詠春基本的原則，便容許門人在招式動作的應用上，可以演繹出各自不同的個人風格。這種大膽革新，開明開放的態度，其實也相當影響葉正對詠春拳的看法，以及他往後授徒的教學方針。而葉正也很明白作為嫡傳弟子，推廣詠春拳是他必須肩負起的使命，奈何在一九七二年葉問去世後，礙於生計，葉正只能選擇離開武館，到屯門藍地設廠，經營橡膠生意。但這段日子他並沒有放下詠春，據葉正太太憶述，每一天葉正仍然堅持早上六時半出門晨運練功，一練就至少個多小時，回家後總是渾身是汗。而且葉正平時一有時間，便會到剛成立不久的詠春體育會裡客串教練，也有在家中作私人個別教授。如是者，直到一九九五年，葉正退休，他把工廠結束後，一眾師兄弟便立即邀請他，回來正式開班授徒。

而陸地與葉正的緣份則始於一九八九年二月，當時他跟黃淳樑學習詠春拳大概三年，同時身兼詠春體育會的法律顧問，葉正剛好遇到一些法律問題需要幫忙，便找來了陸地。作為一名武癡，陸地當然沒有錯過這個機會向師叔請教武術問題。那時葉正師傅還未正式開班授徒，他見陸地對功夫很是執迷，便很高興地請他到自己家裡慢慢研究和討論。於是乎，陸地在跟隨黃淳樑學習詠春的同時，也開始向師叔葉正討教。直至一九九七年黃淳樑離世後，葉正還繼續以師叔的名份來教授陸地，當中還包括了陸地那套未學完的八斬刀法。兩人到了二〇一五年，才正式結為師徒。

詠春傳正統

「詠春傳正統，華夏振雄風。」這副由葉問親題的對聯，現正掛在詠春體育會詠春堂的正中央。這位一代宗師之所以強調「正統」，其中一個主要的原因，是因為他深明詠春的哲理，當你一旦自封「正宗」，很容易就會把招式動作，變成像八股文一樣的教條，讓手上的功夫失去靈活性。而所謂的「正統」，意思就是指觀念、概念、理念。因為功夫其實是一門以人為本的技藝，每個人的身形體態、教育水平、個性及習慣都不同，打出來的功夫多少也會有點不一樣。所以葉問容許門人在演練詠春拳時，可以帶有自己個人的風格，只要不離「正統」的思想和原則，甚至在實踐和應用方面，作出適當的調整和改變亦無不可。而作為嫡傳弟子，葉正在這方面可以說完全傳承了父親的教學精神。

「對於詠春拳理的體會，葉正師父給了我一個很大的啟蒙。由於那個時候，我是到他家裡上課，只有我和他兩個人，所以大家說話都不用避忌。他會很開心見誠地跟我討論一些武術上的問題，甚至是動作上的問題。有一次他告訴我，有一個動作，當年葉問師公是教他這樣做的，但現在他有了新的體會，所以把這個動作改了。後來，他更在詠春體育會第一屆仝人大會上，公開跟眾人說，他自己因為什麼原因，所以把師公的動作改了，而不是說因為他是師公的兒子，就訛稱這是葉問私下傳給他的。實情是怎樣，他就會怎樣說。這種教導方式，對我們學武的人來說，都是很珍貴和很有用的指導。」

陸地記得，在一九九四年詠春體育會舉辦了第一屆高級教練班，一共邀請了五位師父一起教授詠春拳，葉正也是其中一人。五位師父都無私地把自己的小念頭、尋橋、標指、木人樁功，還有六點半棍法和八斬刀法演練給徒弟看。「可是打出來之後，每個人的方法都有點不同。於是大家都問究竟哪一套才是正確的呢？答案是五套都是正確的！那麼徒弟要如何學？葉正便說：『這不是師父去決定，而是由你自己去思考，想想哪一種最適合你。』這次的教練班，正好傳遞出了一個很好的訊息，就是只要核心價值沒變，詠春是可以接納不同的變化。在跟他學習詠春拳的那段日子裡，他也常提醒我，切記不要用迷信的角度去解釋詠春拳，各種套路只是讓你能以最有效的方法，去理解詠春的理念，而非一成不變的法則，最後還是需要你親自去實踐體驗才會有用。」

到了二〇〇九年，詠春體育會更開始實施現代化的教練考核制度，並邀請了葉正擔任監督，希望減低詠春教練師資良莠不齊的情況。陸地說：「其實在一九八五年，體育會已開始負責發放教練證書，但當時主要是看師承，師父話得，體育會就信，然後就把證書發出去。但後來就發展出一套準則，除了師承之外，報考者還要把一段示範三拳一樁的影片寄給我們看。三拳一樁就是小念頭、尋橋、標指和木人樁。以現在的標準來說，對三拳一樁有一定程度的修為，其實已經算在詠春拳上略有小成。至於兵器方面，是最後才需要學，不是作為教練必要的標準考量。當然，有些師叔伯，他們仍然按著舊社會那套來做，要求徒弟單是學小念頭也要學足三年才叫完成，但也有些三年就學畢了三拳一樁。每一個支流的標準也不同，我們也沒法說哪一套是正確的，但只要你做好這基本的三拳一樁，我們就覺得有足夠資格開班授課，並不需要按時間的長短來決定。」

集兩家之所長

能夠抱持住「一種詠春，各自演繹」這種審慎但開放的態度，或許就是為什麼詠春拳可以發展出現在這麼多不同派系，在世界各地遍地開花的原因。而對於陸地來說，曾經先後師承黃淳樑與葉正，自然會有更深入的體驗，他發現原來即使同是跟葉問學藝的師兄弟，各自也有不同的心得和風格。「葉正師父教我的東西，跟黃淳樑師父很不同，不同的意思是指動作不同。首先是因為兩人的身形有別，葉正比較高大，加上他是葉問的兒子，自然比較著重中國傳統武術所講的腰馬力。而黃淳樑師父比較矮細，也由於他實戰的經驗比較多，所以他會很著重步法和走位，以靈活多變為主。黃淳樑師父曾教我退馬攔打，就是借退後一步時的反彈力打回去。在他的步法中，退馬是很重要的，所以日後也影響了我在教徒弟時也很著重退馬。而葉正師父的腰馬力就練得很厲害，記得有次他去英國做講座，表演打木人樁，他的腰馬轉動很犀利，其中有一下轉身，他用了腰馬發勁，竟然把木人樁的樁手『呼』一聲就打斷了。所以，我跟葉正師父學習最大的裨益，就是大大提升了我在腰馬發力方面的運用。」

陸地說自己很幸運，可以從兩位風格不同的師父身上，各取所長地學習到不同的技藝，再將兩者變成自己的東西。這方面，尤其是在詠春兩種兵器——六點半棍和八斬刀之上最能體會得到。「兩位師父都曾分別教過我六點半棍，兩個版本都有相同與不同的地方。不同之處在於套路出招的次序，相同的地方就是兩位的棍都講求腰馬力。所謂『拳怕少壯，棍怕老郎』，意思就是，年輕人的拳頭自然比較重，但當用到棍時，因為老人家懂得用腰馬力，所以打出來的力度就會比單純用臂力大得多。而事實上，我現在也常常跟徒弟這樣說，無論對手的手臂有多粗，也粗不過你的腰，所以懂得運用腰馬力的話，你一定會比對方大力。另外，兩位師父對六點半棍法那『半點』都有不同的解釋。黃淳樑師父認為，當棍打出去之後，一時之間是收不回來的，而那『半點』就是指打出去後，令支棍在中間改變方向，他這一下很特別，我們叫作『撐舟棍』，好像撐艇那樣撐落去。而葉正師父的解釋則是說，棍有一個最大的弱點，就是當對手躲過了你的棍尖，走進了棍中間的範圍，這樣你就很危險了。所以需要有『半點』，即是『半招』，當對手走進了棍中間的範圍時，你能夠將棍尖的力立即移往棍中間，即是整支棍任何一個點，你都能發到力，所以『半點』的威力其實是最大的，但也是最難練成的。我比較傾向葉正師父的這個講法，所以現在我教徒弟也多是這樣教。」

至於刀法，又是另一個故事。當年，黃淳樑把八斬刀的心法和步法傳授給陸地後不久就因急病身故，幸好後來還有葉正幫他彌補了刀法方面的缺失。經過兩位師父先後傳授，後來陸地再與葉正反覆研究，在結合三人的心得之後，終於形成了今天與別不同的，一套充滿陸地風格的八斬刀法。「今時今日我打出來的刀，跟黃淳樑師父教出來的徒弟不同，跟葉正師父那邊的師兄弟也不同，這或許是因為我將黃淳樑師父的心法，與葉正師父的刀法，融會了在一起。但整體來說，我還是受黃淳樑師父的影響比較多。例如，我們詠春有一個很重要的口訣，就是『刀無雙發，棍無雙響』，意思就是使刀不會多過兩招，用棍也不會多於兩下，就要把對手擊倒。為了達到這個目標，步法便變得很重要。而黃淳樑師父向來都很著重步法和走馬，所以我的刀也受了他的影響，但就變了走偏門，即是從對方身體左右兩方走進去。傳統的刀，是正身上正身退，而我就是偏上偏退。事實上，因為八斬刀是兩把刀身很短的刀，如果與拿著長兵器的人對峙，走偏門其實會比直上直落更為有利。」

「又因為八斬刀的理論，跟詠春拳的理論，基本上可以說是完全倒轉的。例如，詠春拳有句口訣叫『來留去送，甩手直衝』。意思就像字面那樣，只要對方任何一隻手一鬆懈，就會產生空隙，我們就可以立即從中線『乘虛而入』。可是在八斬刀裡，卻變成了『來留不去送，甩手不直衝』。因為這時你手上的不是拳頭，而是兩把刀。我記得黃淳樑師父曾經說過，如果你『甩手直衝』的話，或許可以插中他一刀，甚至一刀就殺死了他，但這一刻身體仍然會有一兩下無意識的反射動作，所以這個時候，如果對方手上也有刀，他一個反射動作，隨時也能讓你中刀，結果兩個人就攬住一齊死了。又例如，拳法裡的另一句口訣：『追形不追手』，但刀卻是『追手不追形』。為什麼會相反呢？因為兵器交鋒，對方是想攞你命，他的目標就是你的身體，所以他要追你的形。但我們的刀很短，所以目標不是對方的身體，而是他拿著兵器的一雙手，用最短的距離斬傷對方的手，他沒法拿兵器便不用再打下去了。但別以為八斬刀很仁慈，只斬手，雖然前五節都是專斬手的，我稱它為『仁慈的刀』，但後三節卻是生死相搏的『奪命刀』。」

因為手上多了兩把利器，只要擊中或被擊中一下就完了，這跟用拳頭打架完全不同。這也是為什麼八斬刀是詠春裡最後教，也是最少教的功夫。不是因為八斬刀是秘傳絕學，而是因為刀與拳的理論恰恰相反。黃淳樑更曾經說過，學刀的時候，會影響到拳法難以再進步，所以拳學不好，便不能學刀。他甚至認為，只要一學刀，拳法就會退步三年。「於是現在我都會要求徒弟，要學刀的話，至少花三年的時間去學，而且在學刀的同時也要繼續練拳，這樣在學完刀的時候，拳法還可以保持在三年前的水平；單純學刀的話，一來一回，拳法便會退步六年，結果變成學會了刀，卻失去了拳。」

而陸地跟葉正學刀，就足足學了八年。但有趣的是，他在黃淳樑身上學到了刀的心法，再加上自己的體會，竟反過來影響了葉正。「黃淳樑師父常提醒我們，要盡量避免用刺刀，因為八斬刀的刀身很闊大，並不適合刺，而且有名你叫，我們的刀本來就是擅長斬的。而即使你真的刺中了對方，一般人在中刀那一剎那，肌肉會立即收緊，把刀夾住，你要用力拔或是撬才能把刀抽出來，但這一瞬間的空隙，就足以讓對方反擊了。這句話影響我很深。而後來當我跟葉正師父學刀時，我發現第二節所教的刺刀有問題。於是我便跟葉正師父討論，我覺得刺刀是死刀來，一刺下去自己就死定了。而我這個想法，竟得到了葉正師父的認同，他也覺得刺刀是危險的，於是他便決定將刺刀改成了啄刀，即是好像啄木鳥那樣，用刀尖一啄就收，後來他還把這一招親手寫了進他的刀譜之內，這是我意想不到的。」在綜合了黃淳樑的心法、葉正的刀法，以及陸地自己多年來經過實踐之後的不斷改良，他的這套八斬刀法，最近便被國際武術聯合會，選為段位制標準課程裡的教材，這無疑是對他的一種肯定。

同門無二師

由一九八九到二〇〇五年，這十六年來陸地一直都在葉正家裡上私家課，他們在武學上總是有談不盡的話題，更難得的是二人雖然輩份有別，但都能坦誠地把心中的意見互相分享給對方，令雙方對詠春都有新的體會。這段亦師亦友的關係，是最讓陸地懷念的回憶。「我一九八九年就開始上葉正師父的私家班，但同一時間，我還有繼續跟黃淳樑師父學武的。所以我當時是稱葉正師父做正叔，他也是以師叔的身份來指導我。其實在詠春派裡，有一個原則就是同門無二師，你不能同時拜兩位師父，不過師叔侄之間的交流卻很常見，例如葉問師公的師父是陳華順，但他的師叔梁壁也有指點過他。但很有趣的是，後來有些葉正師父的徒弟，他們不知道當時我和葉正師父還是師叔侄的關係，竟然跟住我一樣叫他做正叔，哈哈。」

而在一九九七年黃淳樑過身後，陸地才發現他連一張與黃淳樑的合照都沒有，這個遺憾讓他更珍惜與葉正的關係，不只拍了很多照片，還把每一件葉正送給他的東西都珍而重之地收藏起來，一直好好保存到今天。「在黃淳樑師父過身後，因為一些私事，所以我在他的武館多練了半年左右的時間，便改為很集中地跟葉正師父學，我也是由小念頭開始，再重新跟葉正師父學一次。也是在這段時間裡，葉正師父給了我很多東西，例如是他親手寫的詠春拳譜、棍譜和刀譜，那是還未印成書的，一張張的原稿紙。連其他師兄弟都知道我有這個收集癖，的確現在我手上有著最多最齊關於葉正師父的東西。而當中對我來說最具代表性的，就是他在二〇〇〇年頒給我的證書。雖然他之前曾頒發證書給他海外的徒弟，但在香港卻從未發過，而他發給我的那張證書，便是第一張。證書的編號上，是他親筆寫下的 001 號。我當然不是他的第一個徒弟，但他卻把 001 號給了我，這對我的意義十分重大。因為這一年，我正準備開辦自己的武館，他特別在這個時候，頒了這張證書給我，就是想鼓勵我。」

葉正知道陸地在學詠春同時，也在學截拳道，但他完全不介意，沒有視學另一門功夫就是背叛師門。而到了陸地要開辦武館的時候，他甚至建議陸地把武館的名字叫作「詠春截拳道」。雖然陸地基於各種考慮，最後並沒有採用到這個名字，但能得到葉正的提名，已經足以讓他感到無尚光榮。然而在同一年，因為發生了一件事，卻令陸地覺得自己對葉正一直有所虧欠。「二〇〇〇年，我做了一件很傻的事，但我覺得禮貌上我是應該要這樣做的。在中國人的傳統裡，有所謂『一日為師，終身為父』的習俗，所以在黃淳樑師父過身後，我雖不至於要守孝，但也給了自己一個三年的時限，待三年過去了，我才再去找另一位詠春師傅。那時，我很自然就想拜葉正為師，於是我便去徵詢師母的意見，但沒想到她竟然一口就拒絕了。既然開了口，就沒辦法收回了，於是我只能夠跟葉正師父坦白。他當然是不開心，也很失望。要知道，他連編號 001 的證書都發了給我，就知他真的很疼錫我，想我正式成為他的弟子。之後，雖然我繼續跟他學功夫，他也願意繼續教我，但在我心裡，一直都覺得自己虧欠了他。一直去到二〇一五年，他八十大壽前一年，他的健康開始差起來，其他師兄弟便跟我說：『陸地，師父的身體有點差了，你如果要拜師，就要快了。』所以在那年的二月十五日，我很記得那一天，我在他家裡正式跪在地上，向他斟茶拜師，終於成為了他的入室弟子。」

可惜在五年後，葉正也因病離世。但對於陸地來說，他跟葉正相交相知了三十一年，這段時間一點也不短。而在詠春的道路上，黃淳樑教會他的是拳學的實踐與應用，那麼葉正傳授給他的便是做人處世的方式與原則。陸地說，那就像練習小念頭一樣，「念頭正，終身正；學武如是，做人也如是。」這也正是葉正的名字：學正。

黃錦銘登上美國《黑帶》雜誌封面。《黑帶》是美國最有歷史的武術雜誌之一，李小龍當年亦經常被此雜誌刊登。

黃錦銘在美國拜李小龍為師，學習截拳道，是對李小龍的武道和哲學認識最深的人物之一。陸地少年時最初迷上的是李小龍，但在香港接觸不到截拳道，於是學了詠春，然而命運還是自有安排，讓他因為詠春，最終遇上了黃錦銘。

TO LEWIS
PEACE AND BROTHERHOOD.

李小龍與黃錦銘對練時攝。簽名為黃錦銘贈此照片予陸地，「Peace and Brotherhood」是李小龍給徒弟贈字時的常用語，黃錦銘亦繼承了這個做法。

黃錦銘過身後，由其家人出版的紀念雜誌，封面為他與李小龍對練的照片。

另一冊以黃錦銘作封面的《黑帶》雜誌。黃錦銘體形偏瘦，一身精悍的肌肉，是李小龍所訓練出來的。

一九九九年，黃錦銘於香港理工大學主持截拳道訓練班，陸地的兩名兒子也有參加，攝於當時。

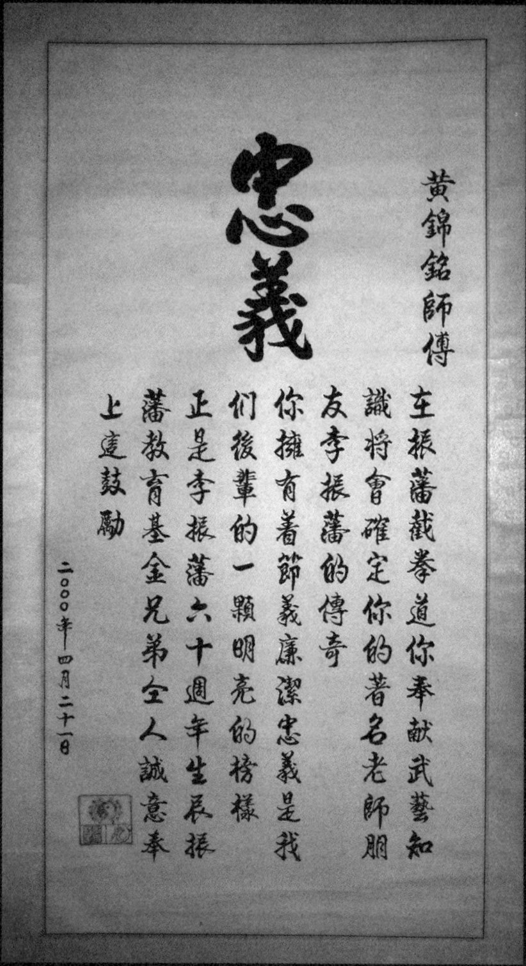
黃錦銘師傅
忠義
李振藩截拳道你奉獻武藝知
識將會確定你的著名老師朋
友李振藩的傳奇
你擁有着節義廉潔忠義是我
們後輩的一顆明亮的榜樣
正是李振藩六十週年生辰振
藩教育基金兄弟全人誠意奉
上達鼓勵
二〇〇〇年四月二十一日

二〇〇〇年四月二十一日，振藩教育基金於美國拉斯維加斯紀念李小龍六十歲冥壽時，黃錦銘獲基金頒發終身成就獎。

黃錦銘逝世後一紀念雜誌，封面上是黃錦銘（右）及周裕明（左，Allen Joe）。周裕明是李小龍奧克蘭（Oakland）時期具代表性的弟子，本人是北加州先生，負責教李小龍健身。封面上的簽名，分別為黃錦銘的太太和兩名兒子。

陸地與黃錦銘攝於武館。這種師父坐在正中，弟子站在身後旁邊的構圖，只有入室弟子才有資格與師父如此拍攝。

Jun Fan Gung Fu Institute
振藩國術館
以無法為有法
以無限為有限

以無法為有法
以無限為有限

上：香港振藩國術館的招牌，至今已二十一年，設計與美國的一模一樣。振藩國術館的徽號，與一般太極（右下圖）不同：太極黑白，振藩紅金；太極靜態，振藩多了箭頭，表示動態；太極兩點垂直，振藩則斜四十五度；太極由八卦包圍，重方位，振藩由十二個字包圍，重變化。

下：振藩國術館標誌（左）及太極圖（右）。

一九三七年，黃錦銘（Ted Wong）於香港出生，十六歲隨父親移民到美國定居。雖然自小就對中國武術和西洋拳擊感到興趣，但黃錦銘卻從未正式拜師學藝，直至一九六七年二月，他在洛杉磯唐人街振藩國術館內，聽了由李小龍主持的一堂課後，便被他深深吸引，隨後正式成為了李小龍的學生，跟隨他學習振藩國術與截拳道。不久後，李小龍更決定將黃錦銘收為入室弟子，以及作為他的私人練武對手。自此，黃錦銘便成為了李小龍最信任和最親密的徒弟之一。而且在李小龍離世前，黃錦銘基本上都跟隨在他身邊，所以他不單只有份見證截拳道的創立與發展，更能直接地跟李小龍討論各種相關的武道與哲學，使他對截拳道有著非常全面且深入的了解。李小龍曾經親自簽發及頒授了兩份截拳道證書給他的徒弟，而黃錦銘便是其中一人。

李小龍離世後，黃錦銘並沒有公開傳授截拳道，一直保持低調的他，只有不時在美國三藩市等地，舉辦一些與截拳道有關的討論會，或只作少量的私人教學。直至一九九〇年，黃錦銘才正式開始教授截拳道。因為他覺得當時坊間流傳關於截拳道的講法，大部份都偏離了李小龍的思想，甚至連現役的截拳道教練對截拳道的認識也是相當有限，所以作為李小龍最重要的弟子之一，他自覺有需要站出來以正視聽，並從此將推廣截拳道視為自己的終身責任。黃錦銘曾說，他不會教他不懂的功夫，而他所懂的功夫，全都是李小龍教的。而李小龍的女兒李香凝（Shannon Lee）也在此時成為了他的學生。到了一九九六年，在李小龍太太李蓮達（Linda Lee）的推動下，「振藩截拳道核心」於西雅圖成立，黃錦銘更是創會的核心成員之一。

一九九七年黃淳樑離世後，曾在北京協助黃淳樑舉辦詠春拳短期訓練班的梁敏滔，正想撰寫一本關於李小龍與黃淳樑武學思想的書籍，在搜集資料的時候，他找到了黃淳樑的太太，黃淳樑太太就把陸地推薦了給梁敏滔，而陸地亦因為參與撰寫此書，與遠在美國的黃錦銘結下了不解之緣。六、七十年代，由李小龍所掀起的功夫熱潮席捲全球，年輕的陸地也因此對武術產生了濃厚的興趣。但李小龍所提出的截拳道，最初只是一種概念，後來才慢慢形成一個獨特的武學系統。可是，在當時的香港根本沒地方可以學到截拳道，甚至也沒什麼人能理解這門功夫。所以，當陸地遇上黃淳樑之後，便很自然地全身心投入進詠春裡去。但亦因為這一段師徒緣份，竟令他在廿多年後，認識到黃錦銘，最後更能夠跟他學習到最正統的截拳道。在往後的日子裡，黃錦銘不單只把自己的功夫傾囊相授予陸地，更因為陸地的緣故，而促成了「振藩截拳道核心」香港分會的成立，讓截拳道得以在香港一直發展至今天。這一切一切，都恍似是上天刻意的安排。

通過截拳道認識武學上的李小龍

梁敏滔和陸地聯絡上後，他們便在一九九七年開始編撰《李小龍技擊術》一書，梁敏滔負責李小龍的部份，陸地則負責提供關於黃淳樑的資料，以及撰寫詠春方面的心得。「梁敏滔花了很多的時間做資料搜集，他甚至親自去過西雅圖、奧克蘭，和洛杉磯這三個李小龍生活過的城市，也認識了多位李小龍的親友和弟子。我年輕時對李小龍的電影就很是著迷，也很醉心於截拳道，奈何當時的香港並沒有渠道可以接觸到這門功夫。所以當我知道梁敏滔認識黃錦銘師父時，便大膽地請他代為介紹，那時候我已經知道黃錦銘師父是李小龍其中一個最親密的徒弟，結果梁敏滔便為我們安排了一次長途電話，我就毛遂自薦地問黃錦銘師父，可不可以跟他學截拳道，他很客氣地答應了。我又跟他說自己也想加入『振藩截拳道核心』，他也說OK，會幫我問問會長，當時的會長就是李小龍的太太Linda李蓮達女士。沒想到不久後，我真的收到了Linda的來信，那是一封邀請我入會的手寫信，她的字寫得好美。信中她更提及，原來我是他們所招收的第一位海外會員。就是這樣，我便認識了Linda，日後還一直與她書信聯絡。」

在Linda與陸地的書信交往中，其中一封最重要的信件，就是Linda批准陸地在香港成立「振藩截拳道核心」的分會。這個分會是「振藩截拳道核心」第一個，也是唯一一個海外分會，而且後來在西雅圖總會結束後，香港分會在黃錦銘的同意下，更變成了總會，並由他擔任榮譽主席。即是說，今天唯一一個代表「振藩截拳道」的正統基地就在香港，而陸地正是有份成就此事的關鍵人物。

「我當時的想法很簡單，就是想專心跟黃錦銘師父學習正統的截拳道。我是他在整個大中華區所收的第一個徒弟，有這樣難得的機會當然要好好學習。但Linda並不是這樣想，她似乎對我有很大的寄望，把我視為推廣『振藩截拳道』的香港大使。除了黃錦銘師父之外，她還介紹了另外三位老師給我，第一位是西雅圖的木村武之，第二位是洛杉機的李愷（Daniel Lee），第三位是嚴鏡海的兒子嚴民發。因為她想我全面掌握關於李小龍的武術發展，而這幾位老師正好代表了李小龍不同階段的武術成就。」

這裡要先解釋一下：什麼是「振藩截拳道」？黃錦銘曾說，「振藩截拳道」其實是振藩國術以及截拳道的結合，當中包含了武術、哲學及科學層面的學問，亦把由李小龍所創建出來的武學系統，與其他門派的武術分辨出來。整個發展，大抵上可以分為西雅圖、奧克蘭、洛杉磯這三大階段。但當中並不包括香港，即是不包括詠春。木村武之所代表的就是西雅圖時期，嚴鏡海代表了奧克蘭時期（嚴鏡海於七十年代便已離世，他的功夫則由兒子嚴民發傳承下來），李愷代表了洛杉磯時期，而黃錦銘則代表了李小龍最後期的截拳道發展。「除了黃錦銘師父之外，我稱另外三位為老師，因為他們雖然曾教過我武術，但我們相處的時間其實並不是很長，並沒有真正建立起較為親密的師徒關係。不過，對我來說這已經十分幸運，因為我能從這一位師父和三位老師身上，接觸到李小龍四個不同階段的武術演變；如果加上我在黃淳樑師父那裡所學到的詠春，其實就是一條更完整的脈絡：由香港開始，再到美國，李小龍一生當中總共五個階段的發展，我都有機會學習得到。」

與黃錦銘越洋交流

一九九七年陸地在電話裡認識了黃錦銘後，翌年便到美國拜訪他。當時陸地從事玩具行業，剛好每年都會到紐約參加一個國際玩具展，所以他每次都會提早出發，先飛往洛杉磯跟黃錦銘見面，之後再乘內陸機到紐約工作。「在西岸轉機很方便，有時我也會去三藩市，跟住在奧克蘭的嚴民發見面。嚴民發是柏克萊大學的畢業生，當年我幫兒子找大學時，他還帶我去參觀呢。當然也會飛西雅圖探木村武之。」黃錦銘在紐約有位徒弟叫 Dino，對陸地也十分照顧，他每年都會請黃錦銘到紐約辦截拳道講堂，更會特別遷就陸地訪美的時間，讓他也可以一起參與。陸地形容，經過一年復一年的探訪，他和這些截拳道的前輩，都逐漸建立起一份很難得的友誼，每次他去到美國，都能得到像親人一樣的熱情款待，當中還有很多難忘的回憶。

「我記得好像是頭一次參加 Dino 舉辦的講堂，為期兩日，有十多人參加。截拳道跟詠春一樣，練習時都需要一個對手，所以當時我便要在那十多人之中尋找一位練習對手，而且一對就要對兩日，中間換對手的話，好像很沒禮貌。但在場的多是長得很高大的外國人，就只有我一個矮小的中國人，這樣對練的話，我可是會很吃虧呢。幸好，最後給我找到一位土耳其人，他甚至還比我矮一點，於是我便很開心地跟他一起練習。但到了第二晚，我去出席玩具展的酒會，跟其他人握手時，我才發現自己的右手腫了一個碼。我想應該是跟他練習時，因為要接他的拳，而被他打腫的。後來我才知道，那位土耳其人，原來是世界跆拳道輕量級搏擊冠軍，想不到我千揀萬揀，竟然揀了個高手，真是人不可以貌相呀。」陸地補充，Dino的武館位於紐約的貧民區，絕對不算是富有，但他每次都會送幾件武館製作的TEE給陸地，這些TEE陸地都珍而重之地收藏起來，到近年才願意拿出來穿。「我年紀大了，再不穿可能沒機會穿了。哈哈。」

除了每年到訪美國之外，自一九九九年起，陸地也會一年兩次邀請黃錦銘來港授課，所以直到二○一○年黃錦銘離世前，他們每年都會見三次面。每次見面，陸地都會把握機會盡量請教黃錦銘關於截拳道的知識，其他日子他就只能不斷練習、練習和練習。跟師父敘少離多，最後便促使了陸地在二○○○年決定開辦自己的武館，希望藉此聚集到更多功夫同好，跟他一起練習。

「一九九七年，黃錦銘師父便寄了一本『振藩截拳道核心』的年刊，以及李小龍在三個不同時期的教學課程表給我。這份課程表，應該所有跟他學截拳道的學生都有看過。但到了一九九九年，他又給了我另一份課程表，這份課程表跟從前那份很不同，而且上面還有他的親筆簽名。彷彿頭兩年他是在觀察我，看我是不是玩玩下，結果兩年後他才認同了我，願意將真正的截拳道教給我。他是一個心思細密，擅於觀察的人，是一個謹慎的人。畢竟自七十年代起，實在有太多人曾經打著『李小龍』和『截拳道』這兩個招牌到處招搖撞騙，不要說他，連我自己也試過被人利用過，所以他比較有戒心是很正常的。而他教截拳道，也分成兩種，一種是對外公開教的，就是一些基本功，另一種就是閉門私下教，只有得到他信任的徒弟才能上私家班。」

陸地說，剛開始的時候，黃錦銘在香港的私家班是單對單只有他們兩人，但練習的時候，他卻認為不要一個人練，最好能多找幾位師兄弟一起練，這樣才能更見成效。「當時他在香港包括我在內一共收到四位徒弟，可是練了一段時間後，就剩下我和另一位師弟兩個，這樣下去可不行了。再加上黃錦銘師父每次來港，我們都要四出尋找場地，實在很不方便。恰巧，我父親在尖沙咀有一個辦公室單位，那一年他的租客不再續租，我便接了過來準備開辦自己的武館。」二〇〇〇年，陸地的武館正式開幕以後，真的開始多了人來練武，慢慢也聚集到愈來愈多人。去到後期，黃錦銘更一共在香港收了六位入室弟子，以及眾多截拳道的學生。「武館開幕的時候，黃錦銘師父和師母親臨香港，那個月剛好又是師父的生日，於是我們便一起慶祝。這些點點滴滴的開心日子，我到現在也記得很清楚。」

武館開幕之前，還曾經鬧了個笑話。那時武館剛裝修好，陸地便邀請了黃錦銘上去視察一下環境，他還刻意安排兩位師兄弟在武館表演對打，以為會得到師父的稱讚。但黃錦銘上到去，看了幾眼，便眉頭一皺，陸地立即大驚地問他怎樣了？黃錦銘說陸地遺漏了一件事未做妥。原來位於十樓的武館，窗台比較低，又沒有裝窗花，所以如果打開了窗，在對打的時候便會產生危險，整個人可能一不小心就飛了落樓，便建議陸地在窗前安裝一道欄杆。「這就是經驗了，一位好的功夫師傅，不是只會教功夫那麼簡單，還會顧及學生的安全，而且他不是叫我裝窗花而是欄杆，因為欄杆已足夠防止有人墮樓，平時也可以在上面做壓腿等拉筋運動。所以他說完以後，我立即就找人安裝了，而更慶幸的是，這二十年來武館都沒發生過意外。」

有別於中國傳統武術的截拳道

由一九九七年認識黃錦銘，一九九八年始習截拳道，一九九九年得到黃錦銘的認同收為入門第子，到二〇〇〇年陸地終於從師父手上取得截拳道的三級證書。在這看似短短的三年裡，其實陸地比平常人下了更多的苦功去練習，因為在修練上，原來截拳道是一門跟中國傳統武術完全相反的功夫，所以對於習了十多年詠春的陸地來說，的確有如《神鵰俠侶》的歐陽峰逆練《九陰真經》那樣困難。「截拳道與中國傳統武術其中一個最大的分別，就是發力方法不同。傳統武術講求力從地起，然後經過腰馬發力，最後再把力傳到拳頭上。但截拳道則是相反，是『手先行』，之後腳步才跟上。這兩種發力方法的分別在於，在對戰時，如果你是力從地起，那麼對方其實能看到你的身體在動，然後作出閃避；相反如果『手先行』，那麼對手便來不及反應，因為你的身體沒在動，而當你的拳頭擊中對手時，你便已經將你的腰馬力都打在對方身上了。所以兩者即使是同樣的速度，但在對手看來，『手先行』會令他產生速度更快的錯覺，但威力卻一樣重。這也是截拳道裡，所謂『寸勁』的奧秘。」

所以，單是重新鍛煉相反的發力方法，當年就叫陸地吃盡了苦頭，因為當中並沒有捷徑，就是不斷反覆練習，讓自己的身體習慣起來。「我是一邊叫著『手先行呀、手先行呀』，一邊打出一拳踏前一步，就這樣一直練一直練。雖然這種練習方法聽起來很蠢，但對我很有用。而事實上，如果從未學過其他功夫，一開始就接觸截拳道的話，其實會更易上手。學過其他功夫，再學截拳道的話，反而會有所束縛。」陸地又說，截拳道裡有一句格言，叫「以無法為有法，以無限為有限」，但很多人都不理解這句話的意思，以為截拳道跟中國傳統功夫的分別就是沒有套路，甚至沒有招式，所以才能做到「無招勝有招」。「截拳道的確沒有套路，但還是有招的，而所有的練習方法都有清楚寫在課程表上。就以詠春為例，小念頭、尋橋、標指，以至木人樁，這些套路，其實都是一系列的練習方法，練習如何發力、轉換方位、出擊的位置等等。而截拳道雖然沒有這些套路，全部都是散手，但這些散手都是有系統地練習的。為了方便教學，我特別幫這個系統改了個名字，叫『截拳七藝』，包括了一樁、八步、九拳、三腳、五攻、五避、三反擊。截拳道是有樁的，我們叫警戒式樁，著重強手在前，後腳發力。腳就是前踢、橫踢和勾踢，我又叫它做『李三腳』；步法有八種，我就叫它做『天龍八步』。這些趣怪的名字都是自己改的，好讓學生能更容易記下。」

但陸地補充，這『截拳七藝』只是基本功，所有的招式都是歸納出來的動作特色，就像《笑傲江湖》裡令孤沖所學的獨孤九劍，雖然沒有劍招，卻有九種特色，所以才會叫獨孤九劍。截拳道也一樣，腳法雖然只有三種，但真正用起來又怎只三種踢法，只是所有的踢法都可以歸納為這三種特色。步法如是，拳法也如是，所以截拳道是既有招也無招，不明就裡的人才會因此而誤以為它是什麼都沒有，很虛無。「在我們的考試制度裡，第一級就是考樁法、步法、拳法、腳法，再加一場最重要的自由搏擊，看看學生能否將這些特色組合起來，並應用在實戰中。到了第二級就再加五種攻擊法、五種閃避法，和三種反擊法，這『七藝』融合在一起，真是千變萬化的。而到了第三級，還有更高難度的摔法，和反摔法，基本上就是全面混合式的搏擊法。所以，截拳道裡其實有很多東西要學，而且非常著重實戰經驗。如果一門功夫，沒有正式的搏擊訓練，對不起了，那只能說是花拳繡腿。因為在搏擊對戰的環境裡，在壓力與各種條件限制下，你都能將你的功夫學以致用，這才稱得上是真功夫。」

截拳道的訓練進程，是以課程來計算的，現在一共分為三級，這三級的定義與分類，都是從一九九九年黃錦銘給陸地的那份課程表中慢慢演變而來的。而達到三級以後，就屬於教練級別了。之後的四級五級，就由師傅根據學生的表現來決定能否晉升。「這裡我又有一個遺憾。黃錦銘師父的習慣是，當我晉升一位師弟的級別時，他也會同時晉升我一級。但在二〇〇九年，我為了鼓勵一位表現很好的師弟，希望他日後能成為武館的接班人，便跟師父說，那次只晉升他好了，不用晉升我，讓他覺得與我這位大師兄之間的距離可以縮短一點，大家同為四級。師父聽後當然同意了，可是翌年他身體就開始變差，沒多久便離世了，即是我再也沒法從師父手上拿到五級證書了。現在我手上那張由黃錦銘師父簽發給我的證書，已是二〇〇二年簽發的。人生就是這樣，你覺得還有很多時間，明年師父還可以再簽給我，可是明年師父就不在了。當然，師父他手上那張由李小龍簽發給他的證書，也是只有二級，那個級數不過是師父生前給予我的一種肯定，但往後的路還是要自己走下去，是進步還是退步，其實都是自己的事。」

陸地最後決定把武館命名為「振藩國術館」，而沒有採用葉正建議的「詠春截拳道」，其中一個原因，就是他認為詠春與截拳道根本沒可能結合在一起，也沒需要結合在一起，因為兩種功夫各有各好。「我會遵從詠春的要求來練習詠春，也會遵從截拳道的要求來練習截拳道，我不會將兩者混在一起。但我會建議不同的學生選擇學哪種武術會比較好。由於截拳道對體能有很高的要求，所以如果是女孩、老人家，或是平時運動量不大的人，我會建議你練詠春。但如果你很年輕，有氣有力，可以提早一個半鐘做好熱身運動仍不覺累的話，那就練截拳道囉。有這樣好的體能，一定會有很大的成效。」

釋延王篇

釋延王，嵩山少林寺四大金剛之一，擅長易筋洗髓功和易筋八段錦。陸地說，那不是小說中的武林秘籍，其實是配合呼吸和動作的健身養生之法。八段錦伴隨著陸地一生，到認識了釋延王後，更是有機會窺其堂奧，更上層樓。

釋延王與陸地攝於武館，採師父與入室弟子拍照時獨有的傳統姿勢。

釋延王與陸地及其他截拳道師兄弟的合照。

釋延王於陸地武館教學。

釋延王於陸地武館教學。

二〇〇四年，陸地率團拜訪少林寺時攝。照片中央為陸地，右側為少林方丈釋永信，方丈右後方為釋延王。

前三排一眾僧人是當時為訪問團表演功夫的成員，其後可見方丈釋永信，左側為陸地，右側為時任民政事務局局長何志平。

一九六五年出生的釋延王，現為嵩山少林寺四大金剛之一。他在一九八五年投身少林學武，師從方丈釋永信大師，曾隨武僧團到世界各地巡迴表演。但釋延王最擅長的並不是搏擊格鬥類的武學，而是以調養身體為主的「易筋洗髓功」。據說他在三十歲那年，確診了末期胰臟癌，體內發現的腫瘤直徑長達十五厘米，很多醫生都束手無策。然而他並沒有放棄，並在方丈的鼓勵下，一邊接受化療，一邊嘗試從修練多年的《易筋經》和《洗髓經》尋找紓緩病痛的方法。由於化療令到他的身體變得虛弱，很多經書中的動作他都沒法做到，於是他只好抽出當中的精華部份，結合成為「易筋洗髓功」，好讓他自己即使只能躺在床上也能繼續鍛煉。結果半年過去後，癌症竟然奇蹟地療癒了。及後，釋延王每天都會定時練習「易筋洗髓功」，經過八年的調養，他身體裡的所有癌細胞終消失不見，回復完全健康的狀態。

釋延王這段抗癌的故事，得到內地媒體的廣泛報導，很多人都大誇少林功夫能起死回生，《易筋經》和《洗髓經》果真如武俠小說那樣神奇，任何人修練完畢都能打通任督二脈，成為絕世高手。結果，釋延王只好出來澄清，說他的抗癌成果，並不能只歸功於「易筋洗髓功」，雖然這套功法能調節身體機能，增強抵抗力和免疫力，有助緩解癌症所造成的疼痛，但事實上最起作用的還是現代醫學。他曾說《易筋經》和《洗髓經》是少林最有代表性的一種內功心法，但一點也不神奇，更不神秘，就是呼吸配合動作。現實中那並非什麼武林秘籍，而是一種強身健體的古老方法。而這套內功最適合城市人練，因為無論在什麼地方，什麼時間，每天只要練三十分鐘，就能達到復康養生的功效。對此，少林寺還特別成立了一個「易筋經洗髓經研究中心」，由釋延王出任主席，並出版各種書籍和VCD，向大眾推廣這套有益身心的內功心法。

而陸地與釋延王的師徒關係，則源於二〇〇一年。當時香港各界文化促進會（文促會）對外公佈，將與嵩山少林寺合作，在大嶼山興建一個少林武術文化中心。這個項目不單只得到政府的支持，還獲得了香港賽馬會撥款資助，甚至連少林寺也隆重其事，特別委派了釋延王來港，準備出任這個少林武術文化中心的主持。陸地當時從報章上得知此事，自然大感興趣，一來這等如香港將會有一個少林分寺，絕對是本地武林的大事；二來原來陸地自小就有學習八段錦，而釋延王的「易筋洗髓功」當中，就有一套「易筋八段錦」，於是他便找朋友引薦，與剛來港不久的釋延王見面，並跟隨他學習這套少林的內功心法。

後來，因為少林武術文化中心於二〇〇六年開幕後的情況並不如理想，幾經波折後，釋延王便在二〇〇九年決定離開香港回河南去，從此嵩山少林寺與這間少林武術文化中心就再沒有任何關係了。雖然這件事讓釋延王感到很失望，但在這長達八年的日子裡，幸有陸地這位徒弟一直相隨相伴，幫忙推廣八段錦，讓這位少林高僧，能因為這場師徒緣份，而在香港留下一段美好的回憶。

易筋八段錦與一般八段錦的分別

陸地說，他現在可以打功夫其實是一個奇蹟，因為他天生就有脊柱側彎這個病症，而且不只是一般的「S」形平面彎曲，還要加上垂直型的扭曲。雖然可做手術把脊骨拉直，不過自此就要在脊椎上置入幾個鐵鎖，聽起來已覺恐怖。「這個病還會隨年齡增長而一直惡化下去，在我讀書的時候，便曾經有段時間相當嚴重。首先我沒法再拉小提琴。雖然當時已經考了幾級，但因為拉小提琴的姿勢會影響脊骨，最後也只能放棄。沒法拉小提琴，那我就跑去學古典結他，可是又因為彈古典結他要翹起一隻腳，醫生說那樣也不行，結果我差不多什麼都不能做。幸好，在我十四歲的時候，接觸了一本書，是一本關於醫療體育常識，以及慢性病體育療法的書，作者好像是廣州中醫學院的院長，一九七四年出版的。於是我便跟著書中所教的八段錦，當作是一種物理治療來練，沒想到真的有點成效，所以我一直都在練。」

八段錦可謂伴隨著陸地成長，但直至遇上釋延王之後，他才發現這套尋常的伸展運動，原來竟是一門奧妙的內功心法。「二〇〇一年，我認識了釋延王師父後，便正式跟他學『易筋洗髓功』，我還是他在香港收的第一個徒弟呢。而在這八年裡，我就很集中修練他的易筋八段錦。他的八段錦跟我以前學過的很不同，因為那是一套講究呼吸節奏、有口訣、有技巧的功法。等如你在公園見到有人打太極拳，但跟一位真正的太極大師相比，根本上就完全不同。或許可以這樣說，一般坊間所能學到的八段錦，即是我小時候學到的那一類八段錦，只是一種肌肉伸展的體操動作，但釋延王師父所教的八段錦，就能進一步改變身體裡的筋絡與經脈，這就是『易筋』的意思，不是武俠小說所講那樣神奇，簡單來說，就是拉筋。但別小看拉筋，人身的筋絡如果能拉鬆，對於我們的健康是很有幫助的，古語都有云：『筋長一寸，壽長十年』。」所以，陸地每次練完易筋八段錦都會出很多汗，因為這套內功還能幫助身體排毒，那些汗其實都是積累在身體的毒素。相對於尋常的的八段錦，練完可能一滴汗都無。所以他常建議徒弟練習八段錦要先預備「三寶」，就是衣服、毛巾和溫水。

不過，八段錦只是整套「易筋洗髓功」的基礎，之後還有四段功，然後才是易筋洗髓功，最高層次還有一套「童子功」。陸地說，以詠春來形容的話，八段錦就是小念頭，四段功就是尋橋，易筋洗髓功就是標指，要一級一級地練下去。「不說你不知，少林真的有七十二絕技，但七十一種都是外功，唯獨有一種是內功，那就是四段功。但對我來說，四段功最珍貴之處，不在於高深，而是獨傳。它其實就是八段錦的進階版，但當年釋延王師父並沒有公開教過任何人，本來他是想在推廣完八段錦之後，再推廣這套內功的，可是未開始推廣他就回少林了，所以他在香港，就只教過我一個，沒有出過書也沒有出過VCD。我手裡有一段他在我家裡示範四段功的影片，但這段影片不能公開，因為拍的時候很隨意也很私人，只是師父留來給我溫習用的。但他曾說過，七十一種外功，無論你學的是鐵砂掌、鷹爪功、龍爪手、一指禪，還是鐵頭功等等，如果沒有練好這一套四段功，當你年紀大了，身體就會出現毛病，因為沒有內功的支撐，身體可能會練壞了。」

至於「易筋洗髓功」，陸地當然也有學到。但他最後還是鍾情於八段錦，所以把自己大部份的時間都投放在修練八段錦之上。不過他的截拳道師弟方靜波（Ricky）就很擅長「易筋洗髓功」了。「有好東西當然要跟師兄弟分享。所以我當時也介紹了釋延王師父給 Ricky 認識，我們也一起練習易筋洗髓功。其實易筋洗髓功才是我師父最出名的功夫，不是八段錦，只是各有所好，我就專注於八段錦，他就專攻易筋洗髓功。我現在也有教徒弟易筋洗髓功，可是很多人都貪快，想練好這套功法，就疏忽了八段錦，甚至還把兩套內功的動作混在一起練，這樣其實不太好。雖然兩者的動作相似，但並不是一樣的，你一定要把基礎練好，才能一級接一級地升上去。」

要說到易筋洗髓功的成效，陸地說他師父釋延王就是一個最佳範例。當年他就是用這套功法，配合化療而治好了胰臟癌。但陸地認為，要達到釋延王那樣的境界一點也不易，因為易筋洗髓功的心法，最終牽涉到的是做人的心態與心智，幾近宗教層面。「易筋是改變筋絡的意思，但洗髓並不是指骨髓，而是一些更加深入內心的東西。在這裡，我願意將易筋洗髓功的心法分享出來，因為心法很簡單，卻不是每個人都做到。洗髓功，在動作上其實就是坐著或躺著做的八段錦。因為當你要練到洗髓功，就表示你的身體有大病，已經不能站著做。釋延王師父曾經說過，應該要好好珍惜能夠站著做運動的日子。他一九九五年患上胰臟癌時，便只能躺著做。而洗髓功正正就是當你的身體去到絕境，才能夠引發出來的功法。那麼心法是怎樣呢，這牽涉到宗教的概念，因為我是基督徒，所以佛教的東西我就不說了，但在基督教裡也有一句差不多的話，就是：喜樂的心是良藥，哀傷的靈使人骨枯。其實有很多醫學研究都有說過，人體天生就有自我復原的能力，即是能夠自己醫自己。但為什麼現在沒有了？因為我們欠缺了喜樂的心。原來一個人在極度哀傷，或是受了極度刺激的時候，都會有大病，而抗病的方法就是找回喜樂的心。你有沒有聽過一些人得了絕症，醫生說他只剩下幾個月命，可是當他放棄治療，把醫藥費拿去環遊世界，結果幾年之後都沒死？我不是鼓勵大家放棄治療，只是從這些例子之中，可以見到喜樂的心的重要性。洗髓功的心法也是這樣，可是要尋回喜樂的心談何容易？當你患了絕症，被醫生診斷生命只剩下不多日子的時候，你還怎樣得到喜樂？但我師父就做到了。所以洗髓所指的，就是改變人心，是比骨髓更加內在的東西。」

修練內功讓身體學會放鬆

在中國傳統裡，內功與氣功是相通的。只是氣功一直以來給人的印象都過份玄幻，現代醫學暫時也沒辦法證明。對於修練了近二十年八段錦的陸地來說，他更著重於內功所帶來的現實成效，因為每次練完自己的身體都能感受得到，不需要對它有過多的玄幻想像。「少林的內功，我理解為是用於外面的氣功。一般氣功，比較傾向意念。例如大小周天，就是用意念來引導你的氣在身體裡流動。小周天就是由頭頂的百會穴走到去尾龍骨；大周天就由頭頂走到腳掌下的湧泉穴。不過這方面暫時未有科學依據。氣究竟是否存在？意念是否真的能引導氣在身體裡像他想像般運行？如果運行的軌跡錯了會不會走火入魔？這些我們都不知道。那麼少林的內功又是怎樣呢？我會偏重於練外面，意思就是能夠控制到的身體部份，例如是四肢、關節、呼吸。通過特定的方法，把這些外面的東西練好，它們就能反過來影響到內裡五臟六腑的健康。」

而最高的功法，就是童子功。但童子功的意思，並不如武俠小說所寫，真的能反老還童，也不是要保持童子之身才能修練，而是修練之後，能做到「八十如童子」，意思就是即使到了八十歲，身體仍能像小朋友那樣柔軟。「人一生當中，身體最柔軟的時候，就是嬰兒時期，身體最僵硬呢，就是死了的時候。所以當我們愈來愈老，身體就會變得愈來愈硬，即是愈接近死亡。但如果能通過修練，把身體慢慢拉鬆，甚至能夠回到生命起初的狀態，那就是最厲害的了。當然，對於我們一般人來說，童子功是很難練的，我也不需再變回小朋友，所以我專注於八段錦，能夠讓我的身體年輕五年、十年就已很足夠了。而且學武的人都會知道，發力的來源其實是來自筋，而不是肌肉。筋愈鬆，能發出的力就愈大。」陸地以外家拳和內家拳為例，他說外家拳，一般都比較多人練，是因為成效比內家拳快。內家拳，就一個「鬆」字，就難倒了很多人。「鬆並不是軟，而是放鬆肌肉，尤其是上半身。傳統武術講求力從地起，那個力要從腳底一直傳到去拳頭，當中如果你的肌肉是繃緊的，就會阻礙到力的傳送。唯一會用到肌肉力的就只有大腿和臀部，亦即是腰馬力。所以我們常說要做到提肛、收腹、鬆胯。鬆胯的意思就是腰部在放鬆的狀態下，可以做到隨時高速扭動，高速扭動就能發到勁。內家拳常說的龍虎二勁，龍就是指脊骨，虎就是指胯。所以，這套易筋八段錦對我的幫助很大，無論是練詠春，還是練截拳道，甚至日常生活，都為我帶來的很大的裨益。我的徒弟現在如果想跟我學功夫的話，我要他們連八段錦也一起學。」

拜訪少林寺得獲一箱武學秘笈

陸地形容，與釋延王相處那八年，師徒倆幾乎是朝夕相對。在少林武術文化中心還未建好之前，在釋延王的名片上，那個聯絡地址寫的就是陸地的武館。而且無論是在陸地家中、公司、工廠、貨倉，甚至在酒樓裡，他們去到哪裡都能練功。作為在香港所收的第一名徒弟，陸地說釋延王真的很疼錫他，因為知道他信奉的是基督教，也沒強迫他轉信佛教，依然願意把功法無私地傳授給他。「在那八年裡，他教功夫賺到的錢，都投放在八段錦的書籍和VCD上，希望這套功夫能惠及更多人。在那本書裡，他首先鳴謝的是金庸，因為金庸的小說令到少林寺的《易筋經》和《洗髓經》變得家傳戶曉。他第二個多謝的便是方丈釋永信。然後他還把我的名字放在責任編輯那一項裡，上面寫著恆地。因為我是他的徒弟，所以屬於恆字輩，他就是延字輩，這是少林寺的傳統，一共有三十六個字輩輪流用。因為我一開始就跟他說我不能成為佛門弟子，我只能當他的功夫弟子，所以他便沒稱我做釋恆地，只是叫恆地而已，可見他真的很尊重我的選擇。」

陸地打趣地說，釋延王雖然沒有要他改信佛教，但他反而有試過倒過來向師父傳教，當然最後都沒有成功，只不過在兩人相處的日子裡，一些佛學的思想，卻慢慢潛移默化地影響了陸地。「我記得有一次，我買了本《聖經》送給他，怎料他卻說早就看過了，而且連《可蘭經》也看過。原來他除了是四大金剛之外，在少林寺還有一個身份，就是少林寺官方刊物《禪露》的總編輯，所以很多神學、宗教、哲學的東西，他其實比我還要熟悉。幸好在他回少林寺之前，我送了一本《荒漠甘泉》給他，這本書對我的幫助很大，在我人生中最困難的時候，這本書帶給我很大的安慰，所以我是真心送給他的。他見到這本書，就很直接地說：咦！這本我未看過啊，然後便很樂意地收下了。我覺得他的修為很高，或是跟禪宗有關。禪宗是不立文字，直指人心，講究頓悟。平時跟他聊天，他其實已經在不知不覺間影響了我。我覺得這是一段很有趣的交流。」

當然要數到跟釋延王最難忘的經歷，就一定是二〇〇四年陸地帶團上少林寺拜訪。當年陸地當上了一個商會的主席，這個商會每年都會到中國一個地區，與當地的市政府及一些工廠交流。但之前他們最常去的地方不是北京就是廣州，讓陸地覺得很沒意義。於是他當了主席後，便決定來點新意，提議大家去河南拜訪少林寺，最後真的成行。「當然我是有私心的，因為我未去過少林寺，所以便拜託師父幫我安排。沒想到一到少林，方丈便親自下山迎接我們。當然他不是為了我下山，而是因為我們隨團的人當中，還有當時的民政事務局局長何志平，那間『少林武術文化中心』就是他通過要建的。上到少林寺，我才知道寺裡住了不過一百人，而且全部都是僧人，也沒有什麼人在練武。人們說上少林學武，其實是指少林寺外圍的那些武術學校，一共有十間那麼多，最大那間還有一萬名學生呢。那次方丈把這些武術學校裡的人都叫來了，為我們表演了很多少林功夫，認真精彩。而我最記得的是，最後有個交換紀念品的環節，我就預先問師父，他們通常會送什麼給來賓？師父說，通常會送一把達摩劍，對他們來說那可是珍品來的。但我就話：吓！帶把劍上飛機，又要過海關，好麻煩啊！於是師父就問我想要什麼，我開玩笑說會不會有武學秘笈啊？結果到了交換紀念品時，方丈真的拿了一箱書出來，那個箱上面還寫著：少林武術醫宗秘笈。一共有十本呢。」

詠春拳理

葉問宗師

從小念頭練習力從地起、利用身體重量和旋轉力；到在尋橋結合腰馬之力、標指的速度和敗中求勝，繼而以木人樁把平面的想像化成立體的運用，這樣一級一級拾梯而上，便是詠春行之有效的學習方法。

少年梁璧。梁璧為佛山詠春梁贊之子，亦是葉問的第二位師父。

老年梁璧

一九五二年，佛山詠春國術嫡系僑港同學聯歡合照。

一九五三年，詠春之家成立，同學第一次聯歡合照。

葉問與六大弟子攝於約五十年代。其左後方打領帶者為黃淳樑。

葉問與眾弟子攝於約五十年代。其左方打領帶者為黃淳樑。

穿白褲者為葉正，黑衣者為葉問的弟子徐尚田。

葉正與弟子練習詠春。

陸地在詠春的大師兄胡振南正示範八斬刀。

陸地在練習木人樁

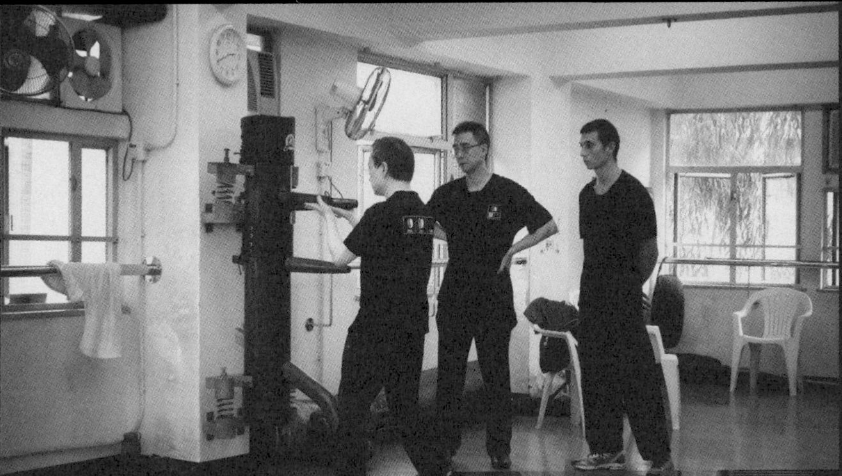

陸地在武館教授木人樁。

一九九〇年，詠春體育會出版的第一本《詠春族譜》。

二〇〇五年，詠春體育會出版的《葉問詠春發展五十年》。

葉問宗師

小念頭

所謂「念頭正，終生正；練武如是，做人也如是。」作為詠春第一套拳法，小念頭可以說包含了大部份詠春拳裡必須練的動作，所以只要小念頭練得好，基本上整套詠春也不會打得差。相反，小念頭這基礎沒打好的話，往後的功夫便可能會出現問題，故此陸地建議，詠春初學者應多花時間在小念頭之上，先把這第一套功夫練好，別急著學之後的尋橋和標指。「我聽過很多同門說，另外當年黃淳樑師父也跟我說過，學了小念頭其實就等如學了整套詠春的八成，可見小念頭真的很重要。而小念頭的第一個動作，就是開二字鉗羊馬。當然對於二字鉗羊馬，很多人都有不同的見解，這裡我只能夠分享我自己的看法。」

二字鉗羊馬

小念頭裡的二字鉗羊馬，是開兩步的。第一步，是用腳踭轉出去；第二步，則是用腳尖轉。其實這裡蘊含了一個意思：很多人都討論過，究竟詠春的轉馬，是用腳掌的哪個部位轉？首先一定不是用腳掌心，那麼到底是用腳踭還是腳尖轉呢？「從開馬這個動作，我們就知道其實用腳踭和腳尖兩種轉法都有，不過既然第一步是用腳踭，即是說這是最主要的。腳踭轉馬基本上是詠春轉馬的核心。但凡事都有例外，在某些特定的情況下，是會用到腳尖轉的。而用腳尖轉馬的部份，要到學木人樁法時才會出現。在小念頭、尋橋、標指這三套拳裡，都只有腳踭轉馬。」

腳踭轉馬的好處是穩定，相反用腳尖轉就會比較浮。但腳尖轉的好處是，它轉的角度會比較大，腳踭轉的話，基本上整個人只會轉四十五度左右，以保持中線的打法。「我們有另外一個支派，特別著重腳尖轉馬，他們叫『偏章打法』，即是從側邊打進去，而傳統詠春是從中間打進去的。中線打法是詠春的原則，但我一直強調，練習跟對戰不同。練習可以不變，但對戰的時候就要求變，否則就會把自己困住，有很多限制。如果對戰時，你只打中線，那麼對手很快就會看穿，你被局限在一種打法裡，就很難戰勝對手了。」

二字鉗羊馬還有兩個很重要的原則。第一就是當我們紮好這個馬後，兩隻腳掌會呈「內八字」，但要注意這個「內八字」不能太入，而且膝蓋跟腳尖要指著同一個方向。「我有一位醫學界的朋友曾經說過，如果二字鉗羊馬站得太入，膝蓋跟腳尖不是指著同一個方向，那麼長期練下去，你的膝蓋可能會被磨損，慢慢扭曲。到年紀大了，膝蓋便會痛。這是練功練壞了身體的例子，因為練錯了方法。」

第二個原則，不只適用於二字鉗羊馬，亦適用於各種馬步，甚至是其他運動。這個原則就是，我們坐馬時，膝蓋不能比腳尖前，前了俗語叫「出尖」。或許很多人都會覺得，坐馬坐得低會更加好看；但當膝頭超過了腳尖，只要一丁點，便會令到整個人的重量，由腳掌移到膝蓋上。「當一個人正常站著，身體的重量是由兩隻腳掌承托的，所以我們小腿肌肉的承載力也是最強的。但膝蓋，它只是雙腳中間其中一個關節，其實並不特別有力。」如果坐馬時習慣了「出尖」，最後也會傷到膝蓋。「當然，每個門派都有自己的風格，我不能夠去批評別人，我只是從醫學的角度，以及物理治療師的意見，去分析人體的結構特點。」

而詠春的二字鉗羊馬，可能因為一個鉗字，令很多人都有意無意地，把力鉗在膝蓋上，有些人甚至認為，這樣做能夠保護下陰，於是把兩個膝蓋鉗得很貼。但陸地說，無論是黃淳樑還是葉正師父，他們的膝蓋都沒有鉗得很貼，否則基本上就很難活動，更不要說用來對戰了。「那麼二字鉗羊馬該怎樣鉗？我的心得是把力放在大腿內側，而不是膝蓋。人體另一組最強的肌肉，是大腿和臀部，要保護下陰的話，這自然比用膝蓋之力更為有效。所以我一直以來也教徒弟，要用大腿內側的力來鉗。這樣會有什麼效果呢？我舉一個例子。」

「有次我教徒弟在黐手的時候起腳。這一招我們叫『無影腳』，意思就是在你雙膊沒動的狀態下起腳，讓對手察覺不到。因為在近身對戰，尤其是黐手時，對方的視線很多時只會集中在你上半身，如果你的肩膊沒動，就一腳從下面踢上去，對方是難以及時作出反應的。但那一次，因為徒弟知道我是教『無影腳』，所以來得及反應，又因為在我的指導下，他長期練二字鉗羊馬，也習慣了用大腿內側的力來鉗，結果他在察覺到我起腳的一剎那，身體就作出反應，大腿內側的肌肉一收縮，立即就把我踢出去的腳，一夾就夾住了。我被他一夾，自然有點失平衡，立即捉住他的身體，結果兩個人攬住一齊跌倒，真是師父也有『甩轆』的時候。」

但那次經驗令陸地明白到，只要二字鉗羊馬練得對，原來身體會建立起一個自然反應，當你一緊張，肌肉一收緊的時候，兩條大腿自然就會夾起來。「這個夾起來的速度其實很快的，而且比預早先鉗著更好，因為先鉗著的話，我一腳踢中你的膝蓋，你也會很傷。長期練習用膝蓋的力來鉗，也會令到膝蓋變形。」

含胸拔背

其他拳派在紮馬時，多是將雙拳放在腰間，但詠春則不同，雙拳是收起來放在腋下。陸地說，這樣放是有深意的。「很多人練拳，以為出拳要夠大力，就要練手臂上的二頭肌，所以不斷舉重，讓肌肉愈發粗壯。但打詠春的人，從來不會練二頭肌。因為恰恰相反，二頭肌愈大，出拳就愈沒力。為什麼呢？因為當你的肌肉愈大，拳的速度反而會愈慢，黃淳樑師父曾經解釋過，F=ma，動量等如質量乘速度，這是牛頓第二運動定律，中學物理堂也有教過。而且二頭肌是收拳時才用到的，出拳用的是三頭肌，而三頭肌與背部兩邊的肌肉連住。所以，其實是背部的肌肉更為影響你出拳的力度。詠春教你雙拳放在腋下，當兩個手踭夾起來後，你立即就會感受到你的三頭肌，以及兩邊的背肌都一起夾緊了。從小念頭、尋橋到標指也是這樣練，日子有功，你三頭肌和背肌自然也鍛煉了起來。」

「而且長期把兩邊的背肌往內夾，也會把整條脊骨拉直。你看早期的李小龍也有點寒背，但後期就沒有了。傳統武術常說要『含胸拔背』，很多人都以為是要寒著背來打，但這根本沒道理嘛。我的師伯徐尚田就認為『拔背』的意思，其實是指把脊骨拉直。而『含胸』就是當你做到提肛、收腹時，胸前 core 這一組肌肉（核心肌群）就會自然收緊，然後脊骨一拉直，整個人的力就能夠挺出去。所以，如果見到有人打詠春是寒背的，那就代表他們都練錯了。你長期練小念頭、尋橋、標指，也是把背部夾緊，又怎可能會寒背呢？」

十字手

小念頭的下一式，是十字手。「很多人一見十字手這個動作，就覺得是用來擋格的，對方從上方攻過來就擋上，從下方攻過來就擋下。如果是這樣，就不是詠春了。」因為詠春有一句話，叫「追形不追手」，我們追的是中線，追的是身體，不會追對方的手。因為手可以不斷轉換位置，從四方八面攻過來，追手的話，很容易就會被對方控制。「所以我們才會強調，打『兩點之間，直線最短』。」從最近的距離，最快的方法，打進對方的身體裡去。「所以十字手不是用來擋格的，這一個動作其實包含了兩個意思：第一個意思，是劃一條中線出來；當手上下擺動，是上下兩點之間；當手左右擺動，是左右兩點之間，將這兩點連起來，就是人體的中線。第二個意思，是某一位詠春師傅跟我說的，我也做過實驗，發現真的有效，就是十字手原來可以用來破第三式的日字衝拳。」

日字衝拳

如果有看過甄子丹飾演的《葉問》系列電影，便會知道他那招像機關槍般出拳的招式就是日字衝拳。的確，日字衝拳是可以像機關槍般連環打出的，威力也十分大，而且對方一旦中了第一拳，往往就很難躲過接下來的第二三四拳，這就是它的特色。陸地說，詠春練得好的人，其實一招日字衝拳就足夠「打天下」了。「不過，電影裡有一個問題，就是甄子丹的日字衝拳，是打圈地出的，而實際上我們每一下都是打直線的。沒錯打圈比較快，也比較好看，但打圈的中間會有一個很大的漏洞，對方可以打穿你的圈來反擊。而打直線其實出拳更密，沒有空間給對方。不過，日字衝拳原來可以用十字手來破解。實際怎樣破？用文字很難說明，歡迎大家上來我的武館親身體驗。」

一攤三伏手

接下來就是著名的一攤三伏手。攤手和伏手是詠春裡的基本動作，但也有著嚴格的要求。因為一攤三伏手練不好，往後整套詠春都不會練得好。而攤手和伏手特別講究中線，但陸地認為很多人對攤手和伏手都有錯誤理解。「因為很多師傅都會叫徒弟『埋踭』，可是很多人都理解錯，以為一定要把手踭緊貼胸口正中央的位置才叫『埋踭』，不夠貼就變成了『飛踭』。但事實上，只要你稍為肥胖一點，或是有健碩的胸肌，你的手踭就貼不到胸口的正中央，或是要很困難才能到達那個位置。」陸地曾經有位師弟，他長得很胖，有次他在練小念頭的時候，忍不住問黃淳樑，為什麼他的手踭怎樣也移不到心口？當時黃淳樑望了他一眼，便反問他：「你讀到幾年班畢業的？」那位師弟說：「中學會考畢業了。」之後黃淳樑沒有回答他，就這樣走開了，陸地在旁邊也聽得一頭霧水，但又不敢追問下去，不知當中有什麼玄機。

幸好黃淳樑每隔一段時間，就會為徒弟講解拳理，有一次終於解釋了這個疑問。「師父說，除非手是從心口長出來的，否則，我們的手踭是不能完美地移到正中央。之後他才解釋，攤手和伏手的手踭，並不是要緊貼心口，而是要把手踭對著地面，讓你的手踭和腳踭連成一直線。事實上，當你把手踭緊貼著心口時，反而更易被對手攻入，因為你那隻手只顧著緊貼心口，便會因此變得不靈活，甚至令手踭有點扭曲，繼而令左右兩邊都出現空隙，也發不了力。那麼手踭和腳踭連成一直線又怎樣了？這便要回說二字鉗羊馬。為什麼我們要用一個內鉗的馬步呢？原來在人體力學上，當我們雙腿內鉗時，整個人的重心便會放在腳踭之上，而由兩個腳踭，向前和向上劃出去，便會形成一個三角形，所謂『力從地起』，便是通過這樣的三角形來傳送。」

踭底力

詠春常說「踭底力」，陸地初學時也不明白：什麼叫踭底力？踭底何來有力呢？要經過很多年後，他終於才知道，原來所謂的踭底力，是指來自腳踭的力，而當手踭放在那個由兩個腳踭所劃出來的三角形的路線上，便能最有效地承接由腳踭傳上來的力。「我們練習一攤三伏手，練得對的話，其實可以感受到這種力的傳遞過程。在對戰時，用得好的話，只是一下攤手，即使是一個靜止的狀態，也能把對手弄到失去重心，雙腳離地。例如在對戰時，如果對方伸出手，搭在你的攤手上，並用力向下壓；在一般情況下，我們都會用力頂住，抗衡對方的力。可是，這只是以力鬥力，如果對方比你大力，或者跟你的力一樣大，也能把你壓下去，因為他的力是向下，而你的力是向上的，在地心吸力下，你並不會比他大力。」

「但當學會了踭底力，當你的手踭對著地面，與腳踭形成一個三角形後，他便壓不倒你了。而這時，只要你用腳踭輕輕一『唧』，就能把對方像唧車一樣整個人都唧了起來。在小念頭裡，攤手、伏手，都是打得很慢的。常有人問，為什麼要打得這麼慢？要打多慢才算慢呢？打得慢，其實是為了改變一般人以力鬥力的習慣；要多慢，則在於你需要多久才能改變這個習慣。所以，回說『埋踭』的意思，便是指手踭對著地面，而不是完全緊貼心口。當然『飛踭』也不行，手踭向上，或是離開了那個三角形，便會導致上半身與下半身的二字鉗羊馬不一致，發不了力，同時也會出現很多空隙被對手乘虛而入。」

那麼為什麼是「一攤三伏」而不是「三攤一伏」呢？黃淳樑曾經這樣考過陸地，那時他當然答不出個所以來。「原來攤手和伏手裡面，牽涉了內門和外門的概念。內門是指兩隻手之內的範圍，外門就是兩隻手之外。攤手屬於內門，當你把手攤出去，就要進入對方的內門。這時你便會發現，內門發力會比外門發力容易，因為從外面用力切進去，比從裡面用力推出來難。所以，攤手練一次，伏手就要練三次，不是三攤三伏，也不是三攤一伏，一攤三伏是有原因的。」

完成了「一攤三伏」之後，會有一下「拍手」。當對方一拳打過來，就用「拍手」拍開他的拳頭。「很多徒弟也問過我，為什麼拍手是向橫拍，不是打斜拍？因為對戰的時候都是打斜拍的。這就是練習與對戰的分別。切記，從小念頭、尋橋到標指，再到木人樁，都是練習的方法，你不能硬生生的把練習的方法，照樣套用在實戰中。而且，小念頭是站著練的，到對戰的時候大家都會動，所以當你對戰時用拍手，你的身體會配合這一招而轉動，不會站著不動地拍，有時甚至會向前或向後移動地拍。」

那麼為什麼練習的時候，不直接練打斜拍呢？「因為當你向橫拍的時候，手臂至肩膊到背部那一組肌肉會拉扯著，令你向橫拍得不太順，打斜拍就很舒服了。原來小念頭裡，很多動作都會這樣拉扯不同部位的肌肉，令你特別辛苦。這樣的設計，其實就是為了鍛煉你的肌肉，或是拉鬆某段筋絡。這些動作之所以特別辛苦，往往都是要求你對戰時能發到力。如果你的拍手不夠力，就打不開對方的拳頭。另一個原因，就是讓你的拍手，不要拍過另一邊的肩膊，事實上，當你站正了身子，你向橫拍時是真的不會超過另一邊的肩膊。而如果你的『拍手』沒有超過肩膊，當你一轉馬時，那隻手便剛好變成了守在中線的位置。所以，有些人練錯了，身子站歪了，拍手超過了，到對戰時也習慣了這樣做，便會產生很多空隙。」

正掌

小念頭第一節的最後，是「正掌」。陸地會要求徒弟的掌，打出去的高度要夠遮住自己的臉，他說這樣是比較狠辣的練法。「其他詠春師傅的正掌，很多只有到心口的高度，就是為了打對方的心口。那麼大家可以思考一下，心口與臉這兩個高度，打出來的效果會有什麼分別？分別其實很大，臉就是為了打頭，殺傷力比打心口大得多，而且那個力是向上的，一下打在對方的下巴上，甚至是從牙腮那個位置剷上去，之後更可以連接很多攻擊頭部的動作。

所以詠春拳又有個花名，叫『獵頭族』，我們很多招式都是打頭的。至於打心口，那個力是向前的，效果最多就是把對方推開幾步。但是，對方一退後就可以立即反擊，黃淳樑師父最拿手的就是退馬進擊，所以，別以為對方退後你就有先機。在詠春裡，一退就是為了進攻，當你未組織好攻勢，對方已打回來了。」

詠春八掌

小念頭的第一節主要是練單手，所以又叫「單黐手」。第二節開始，就是雙手一起練，動作包括了「四方撳手」、「雙欄手」、「拂手」、「枕手」等等，故又叫「雙黐手」。到了第三節，就包含了三掌，左右加起來一共有八掌，所以又叫詠春八掌。陸地說，詠春很多東西，都跟「三」和「八」有關，例如分成小念頭、尋橋、標指三種套路，每種套路又會分成三節來教；木人樁就分為八節，總共有一百零八個動作。

扰手與耕手

小念頭第三節裡，有一下扰手，但這在黃淳樑的版本裡，就變成了耕手。陸地說這背後原來有段故事。在葉問剛來香港教詠春的時候，他這一節是用扰手的。可是由於當時黃淳樑跟他學了半年左右，便已經很喜歡四出跟別人「講手」了。在一次切磋中，對方向黃淳樑打出一記插鎚，他用扰手去擋，可是卻擋不住，被對方插了進去。「插鎚專打肋骨位置，當時師父說他用扰手去擋，結果對方的便從他手邊刷了進去，雖然打到了肋骨，但始終被扰手減弱了力度，所以沒有很傷。而由於對方用插鎚，整個人的身子都變低了，頭部很容易就暴露了出來，所以師父立即很順手地，用日字衝拳打中對方的頭。比試的結果，是雙方都有掛彩。但師父很不服氣，他不明白為什麼扰手擋不住，會讓對方刷了進去，於是便回去問葉問師公。其實他當年只學了六、七個月詠春，手上只有一套小念頭，可以用的工具真的不多呀。」

「回到武館後，葉問師公便告訴他，其實有一下叫做耕手的，可以擋到，不過耕手要到標指才會教。但師父很心急，求師公先教他，因為他幾天後又約了跟其他人比試。師公認為他真的有實際需要，便真的預先教了他。但師公真是一位很大體的師傅，我覺得他是為了讓徒弟們覺得公平，沒有獨傳任何一招半式，而是把這一下耕手也教了給其他徒弟，還作了個藉口說，他最先是跟陳華順學詠春，後來又得到梁壁的指點，陳華順教他的小念頭是用耕手的，而梁壁教的則是用抌手，一直以來他都採用梁壁的版本，但現在覺得是時候了，也教大家陳華順那一套。」陸地覺得那是葉問的藉口，是因為耕手如果不配合腰馬力，所能發揮出來的威力便不大，所以在小念頭的階段教耕手是有點過早。但事情就是這樣發生了，以至葉問的門人，在打小念頭的時候，會出現用抌手或是用耕手的版本。「用抌手的就是早期的學生，用耕手的就是比較後期，而黃淳樑所教出來的徒弟，就兩個版本都有。這也挺有趣的。」

底掌與膀手

抌手，轉攤手，接著是一下「底掌」。在小念頭裡，這一下底掌是打中線的，但在實戰中，只要一轉馬，就變成了向下打對方的肋骨。但陸地說，千萬別用手舟骨，即是連接拇指那塊骨打下去，而是用中央的頭狀骨，因為頭狀骨才是腕骨中最硬和最強的骨頭。底掌之後，便輪到「膀手」。攤手、膀手、伏手是詠春裡的基本手，亦是黐手練習中的基本動作。膀手在第三節才出現，是因為它比較難，甚至是小念頭裡最難的一個動作，這方面會在尋橋的部份詳述。膀手之後，又變回攤手，之後再接一下底掌。但這一下是正底掌，之前那一下是側底掌。「很多人都以為，正底掌是用來打對方下巴，但正底掌如此打出去的殺傷力，肯定不會比劏上去更大。所以這一掌其實不是向上打的，而是向前，並往下用力，其實也就是詠春『抱排掌』的下位手，但在小念頭裡卻是要把手掌向下拗直，然後打出來與肩膊呈一水平。」

就如之前所說，小念頭有些動作是刻意設計成特別難做，箇中其實都是有原因的。「這樣把手掌向下拗直，就像一個拉筋的動作，是真的要你把那條筋拉鬆，與打的方位無關。因為不是每個人都能完全拗直，當你不能拗直時，這一掌打出去，便會變了用手指骨打人，用不到頭狀骨，並沒多大殺傷力。只有把手掌拗直，才能用上頭狀骨，而且這個動作練得好，在對戰時從下方往上打，自然更得心應手。」

甩手直衝

小念頭裡，很著重培養一種信念，就是要相信中線。「只要保護到自己的中線，旁邊發生任何事，都可以一概不理。當對方一給力，一般人的反應就是鬥力。而甩手直衝的概念，就是只要不在中線，對方給力也可不理，當手一鬆，就能直接從中間攻進去。兩點之間，直線最短，所以你一定比對方快，但這需要你慢慢建立起信心，手一鬆就可以打。而且，人的思想很有趣，在對戰的極短時間內，原來我們是不能同時間控制左右手的。這又產生了『陰陽』手這一說法。意思即是說，當對方只顧著一邊時，另一邊就會出現破綻。所以我們在練習黐手的時候，有時會引對方，當我其中一隻手用力，對方只要用力一頂，我便知道他另一邊有破綻了。」

小念頭的特色

小念頭最後就是「切掌」，然後接「日字衝拳」。最後的日字衝拳跟之前一下一下打出來不同，在這裡是連環打出的，並且要求每一拳均要從橋手上面，直線打出去，每一拳也打得很貼、很密，陸地說這樣才是「橋來橋上過」，而不是像電影那樣打圈出拳。「整套小念頭就是這樣，那麼除了動作和招式之外，這套拳究竟還在練什麼？有一個人給了一個很好的解釋，他不是黃淳樑師父，也不是葉正師父，而是李小龍早期的徒弟，木村武之。木村武之當年在西雅圖跟李小龍學武，而李小龍那時所教的振藩國術，可以說是一種有李小龍特色的詠春拳。木村武之曾跟我說，小念頭是一個靜止狀態，就是站著做動作，那麼我們該怎樣發力呢？原來有三種力包含在小念頭裡，而每一節都代表了一種力。」

「第一節練的，就是力從地起。很多人都聽過力從地起，但什麼才是力從地起呢？怎樣才做得到呢？當中其實很科學，一點也不玄幻。例如我放了個攤手出來，對方用力按我的手，這時我即使在一個靜止的狀態，也能因為力從地起，讓他失去重心，整個人浮起來。原因很簡單，因為我是通過腳踭、大腿、腰胯，然後到脊骨，將地面的力傳遞到對方身上。所以，對方按我的時候，其實等如在按地面，這時只要我腳踭一動，他就很容易會失去重心。剛才所說的踭底力，和一攤三伏手，就是在發動這種力。」

「小念頭第二節練的力，就是身體重量。懂得運用的話，能發揮出很大的效果。例如其中一式攔手，便是在練『靠勁』。很多人認為詠春是外家拳，不會有內家拳的靠勁。不過，中國武術協會的研究指出，詠春原來也有靠勁的。這個協會有一套系統，能夠把不同門派各種動作的發勁來源，分門別類地標示出來。而詠春裡的攔手，就用了靠勁。而且當我們發揮靠勁的時候，效果不會比其他內家拳弱。我曾經有一次，跟徒弟一起示範這一招，但那次我其實是失手了。我叫他從後把我抱住，因為他是一名專業的保鏢，非常大隻，練了廿多年 kick boxing，他便真的很用力，也很專業地把我抱到很緊。當時我心想，這就對了，因為內家拳有個技巧，對方愈用力的話，當我發勁時，所產生的反作用力就愈大。如果對方完全放鬆身體，反而會無從入手。我也有考慮到那位徒弟的體形，以及他曾受過的專業訓練，覺得可以放心發勁試試。當然我沒有使盡全力，因為那只是示範，我控制在不會傷害到他的程度裡。沒想到，砰的一聲，他竟然整個人被彈飛到牆上。幸好，他背肌很厚，沒有傷到後腦，但他那次真的嚇了一跳，我也嚇了一跳。」

「繼力從地起，到身體重量，一種向上，一種向下的力之後，來到第三節，小念頭要我們練的，能猜到是哪一種力嗎？答案就是旋轉力，而在第三節裡，膀手就是最好的範例。當膀手一上的時候，便帶著強大的旋轉力，上得好的話，一下就可以把對方彈開。耕手也是，但正如之前所述，耕手本是屬於標指的，而標指則特別注重旋轉力，把旋轉力發揮到淋漓盡致。但即使是扰手，也有一定的旋轉力。所以，整套小念頭就是要你在站著的靜止狀態裡，感受這三種力的流動。這三種力都是木村武之告訴我的，我自己跟著驗證，也覺得很有道理，而且到現在為止，也沒有聽過其他人有類似的分析。」

尋橋

首先「尋橋」有兩種寫法，一種是尋找的「尋」，另一種則是沉澱的「沉」。巧合地，陸地的兩位師父黃淳樑和葉正，各自採用了一種寫法，兩個人對尋橋都有不同的見解。「黃淳樑師父用尋找的尋，葉正師父則是用沉澱的沉。原因亦與他們的個性有關。黃淳樑師父注重步法走位，實戰經驗也非常豐富，他認為在對戰時，要不斷『尋找』能攻進對方的『橋』，所以他用尋找的尋；葉正師父長得很高大，腰馬也練得很好，所以他會用沉澱的沉，以突顯腰馬力的重要性。而我所教的尋橋，就包含了他們兩位的見解，但寫出來還是用尋找的尋。」

「為什麼我會選用尋找的尋？在解釋之前，應該先說一下何謂『橋』。很多人都以為尋橋，是尋找橋手的意思，這其實是錯的，因為尋找橋手，就違反了詠春『追形不追手』的原則。那麼這個『橋』究竟是什麼？黃淳樑師父便曾經說過，小念頭是朝形，就像你練習射槍，有一個標靶在你面前，你只需要站著打中標靶的紅心就行了。而尋橋則是追形，即是在實戰裡，對方不會站著不動給你打，所以作為進階的尋橋，練習射槍的標靶會開始移動，你需要追著它們來打。為什麼是它『們』呢？因為這時的標靶不只一個，可能有很多個，而且不只是左右移動，是三百六十度圍住你來移動。面對這樣的情況，你便要不斷尋找那些移動中的標靶的紅心，這個紅心就是對方的子午線。子線是豎，午線是橫，一豎一橫的中間就是紅心，對方的紅心與自己的紅心，這兩點之間劃一條最短的直線，這條線，便是『橋』。兩人對戰，誰搶到這條『橋』，誰就會贏。但別搞錯，這條線並不是詠春所講的中線，中線是指人體中間的那條線，是不會變的，但你與對方之間的子午線，卻會因兩人的距離而改變，所以在對戰中才要不斷尋找。」

尋橋裡的膀手

尋橋跟小念頭一樣，共分三節。當中有三個重點，就是上馬、轉馬和起腳。在小念頭和標指裡都沒有起腳，繼尋橋之後，要到木人樁才會再起腳。所以這三個重點，都與腳有關。陸地說，小念頭主要是練上半身，練手，但下半身也有練，練的是二字鉗羊馬。尋橋則是手腳並練，講求手腳互相協調。「尋橋其實就是練習怎樣進入實戰狀態，當中包括了角度的轉變，以及力量的轉變。角度的轉變，主要是黃淳樑師父教我的，而力量的轉變則主要來自葉正師父。角度的轉變很易理解，就是當敵人從不同方位出現時，你怎樣應變，以及怎樣以最快的速度攻擊敵人。至於力量的轉變，怎樣轉呢？在尋橋的三節裡，可以見到上半身主要的動作都是膀手，但這並不代表『攤伏膀』裡膀手最為重要，而是因為膀手是被動手，這又不代表膀手是防守，相反它是進攻來的，甚至乎，尋橋裡每一下動作都是進攻。」

「被動手的意思是，我在被迫的情況下，要用到這一下膀手來進攻。怎樣為之被迫的情況呢？就是當攤手、伏手，什麼手都用不到的情況下，便要用到膀手。當你一拳向我打過來，我可以用拍手打開，也可以用伏手或扰手去擋，這樣就無需要用到膀手。所以通常是在兩個人距離極短的情況下，你來不及用其他手時，才會用膀手，因為膀手是用手踭帶起的，所以速度也是最快的。而之前說，小念頭裡最難練的就是膀手，相信學過詠春的人都會同意我這個講法。所以，在尋橋的設計裡，上半身的動作是刻意選用了一種難度最高的手，讓你練習三種不同的發力方法，當你把最難的一招都練好了，其他自然也不成問題。」

腰馬合一

尋橋的第一節，主要是練轉馬。轉馬，看上去雖然只是一個人在轉來轉去，但其實比起小念頭的靜止狀態，增加了很大量的腰力。第二節，則是練上馬。向左上完，向右上。而第三節，就是練腰馬合一的力。「腰馬合一最難的地方，就是要『放棄』雙手。因為如果你用雙手去策動，很容易就會用了肌肉力。所以尋橋第三節裡，上半身的膀手一直都是低膀手。很多人都曾研究，低膀手可以怎樣用，但詠春的套路不是教我們怎樣用，用是很自由的，套路是教我們怎樣去練習。所以，低膀手在這裡出現，就是讓你把雙手垂下，不要試著用手，才能感受到來自腰馬發出來的力。當然，要真正做到腰馬合一是不容易的，我的徒弟也不是每個都做到。葉正師父晚年也曾說過：『唉，今時今日沒多少個徒弟能把腰馬練好。』但有幾個能練好也不錯了，這證明不只是師父做到，不是神話傳說。其實每個門派，都很講究腰馬合一，就說明了它在傳統功夫裡的重要性，而且腰馬力一點都不神秘，它只是一種運用人體力學的技巧。」

起腳

轉馬、上馬，之後還有起腳。很多人問，尋橋有多少種腳？沿用詠春的「三八」分類，一般的答案是：三種腳，但這三種腳卻可以有不同的演繹。「尋橋有三種腳，去到木人樁就有八種。為什麼尋橋會刻意要我們先練三種腳？如果細心看過葉問師公當年那部八米釐的影片，你可能會發現他其實只有一種腳，只不過是用三種不同的角度踢了三次。而在尋橋裡，其實只有一種正身腳，不過一共踢了八個方位，因為尋橋是為了實戰而練的套路，實戰時對手可能會從你的三百六十度中任何一點出現，這八個方位就包含了這三百六十度，一個『米』字。至於為什麼是正身腳呢？正身腳是最基本，也是最穩定的踢法。側身踢會比較易失重心，低踩腳也會令身子歪了，所有踢法都沒正身腳那麼好。那麼詠春裡一共有八種踢法，每一種踢法都可以踢八個方位，即是說總共就有六十四種踢法，變化相當大。」

標指

標指，原名叫「標月指」，來自佛教《楞嚴經》，寓意把手指指向月亮時，大家要望見月亮，而不是望向手指。據黃淳樑說，李小龍知道了關於標指的這個故事後，還特別在《龍爭虎鬥》中加入了一幕講述他對「以指指月」的理解。那麼標指到底練什麼？黃淳樑認為小念頭是練「朝形」，尋橋練「追形」，標指則是練「敗形」。很多人會問，為什麼會有「敗形」？難道練了「朝形」和「追形」還不夠別人打？陸地說，練了「朝形」和「追形」後，的確已經很能打了，不過在實戰中，我們往往都會處於「敗形」。「例如遇上被很多人圍毆，最好的方法當然是逃跑，但並不是一定能逃脫。」又例如在對戰中，出錯手、打不中、踏錯腳等，令自己落入劣勢中的情況，都屬於「敗形」，而標指就是一套用以應對「敗形」的功夫。「小念頭和尋橋是兩利取其重，標指的重點則是兩害取其輕。叫你望月亮，不要望手指，便是要求大家放下以前學過的東西。所以在標指裡，很多動作都是跟小念頭和尋橋相反的。我們知道八斬刀的練法更是與詠春完全相反，而八斬刀很多的動作，其實是源自標指的。」

「小念頭練的是『正』，標指則是練力的發揮。在尋橋第三節練成後，理論上大家已學懂腰馬合一，懂得腰馬合一已經很厲害了，那麼標指還加了什麼進去？答案是：速度。腰馬加上速度，所發揮出來的威力自然更加大，因為 $F = MA$，其實並不是很深奧的理論。標指就是以速度來解決敗形。很多時對戰，大家勢均力敵，兩隻手對兩隻手，自然沒有問題。但實際上，我們會因為很多不同的原因，而令其中一隻手突然用不上，只剩下一隻手。可能是自己打錯了，或是對方突然轉了去另一邊，又或是你其中一隻手受了傷等等。在標指裡便有一下，教你怎樣用一隻手來封住對方雙手。封住對方有什麼用？是沒有傷害的，因為你處於敗形，封住對方，便至少不會令自己被對方追擊到。」

扱與衝

標指裡有一個動作一共出現了十二次，就是扱踭。很多人都以為這個扱踭就是用來直接攻擊對手，但扱踭的距離很短，而且在對戰中，還有很多方法，都能做到比扱踭更快更直接的攻擊。陸地解釋，扱踭真正的意義，其實是為了鬆肩。「鬆肩是為了令自己雙手的弧度增大，讓不同的踭都可以最快地打出來。因為標指裡的扱踭，弧度很大，要完美地做出這樣的弧度，雙肩都要很鬆才行。當你的弧度夠大，自然所有踭法都能夠打出來，而不是用這個扱踭來打人。在練習標指的時候，是先扱三下，衝一下，然後再扱一下，再衝一下。這一下衝也很重要，因為就是要透過衝的速度，來化解眼前的敗勢。所以，第一次的扱，是練扱；第二次的扱，便是練衝。」

耕手

耕手本來是在標指裡才出現，但當年黃淳樑為了實戰，在小念頭階段便請求葉問先教他。去到標指的時候，黃淳樑的這下耕手，便不只是擋格，下手擋的同時，上手就變成了打手，連消帶打，一氣呵成。「不過盡量不要用耕手來擋腳，因為前臂的手骨很易折斷。聞說當年梁朝偉在拍《一代宗師》時，就是用了耕手來擋腳，手骨才會被人踢斷。耕手要擋腳，不是不行，但一定要加上腰馬所帶動出來的旋轉力。只有在旋轉時，才能令對方踢過來的力卸往一邊去，甚至帶回來，轉移回對方身上，這跟太極的原理有點相似。沒有旋轉力的幫助，用來擋腳就很危險了。」

陸地補充，所謂的連消帶打，必須在同一時間發生，不然就會變成先消後打，速度就慢了。「例如先用拍手打開對方的拳頭，之後再進攻，但這裡其實已經是兩個動作了。先消的話，對方在你消的時候便會有反應，你再打他，他很有可能已經擋到。所以，消打要同時進行，當對方感受到我拍他，見到我向前行時，我的拳頭已經打完他再收回來了。」他說，最好的示範，就是看李小龍的《龍爭虎鬥》，李小龍特別設計了一幕，來表達出何謂連消帶打同時發生。

雙手拉扯

標指裡有一下動作，是用雙手拉扯對方的手，陸地形容這一下表面上是很蠢的打法，因為在詠春裡，主要的動作都是以一隻手來封對方的雙手，自己空出另一隻手，便可以用來進攻。「但這裡為什麼會有一下，是用雙手來拉扯對方呢？原來這一下是在被多人圍攻的情況時用的。被多人圍攻肯定是敗勢了，就算你用任何一個方法封到對方一個人的攻擊，另一人立即又攻上來了，所以最好的方法，就是逃走。但你不能轉身就走，因為這樣很危險。所以最好就是用這一下，用雙手拉著對方其中一人的手，然後發力一扯，用對方的身體封住其他人的攻擊；扯的時候，還多打一下流星捶，以爭取多一點時間給自己。」

木人樁

傳統的木人樁，像是葉問年輕時在佛山故居使用的木人樁，是把樁身底部埋入地底，上面配備了多支不同高低的樁手和樁腳，使用者可以三百六十度圍繞著木人樁來練習，也適合不同身高的人使用。這種木人樁，因埋在地下之故，又名「地樁」。一九四九年葉問來港後，因為不可能在大廈內挖洞，加上居住空間不大，沒法再使用「地樁」。那時，他常與詠春派、永春派的朋友，在油麻地一間叫大德欄的雞鴨批發店聊天。有次，他發現那裡的木人樁是用木架把樁身吊起來，雖然只能打一面，卻能節省空間，於是便找木匠照辦煮碗地造了一個，搬回家練習。這種懸掛式的木人樁，便稱之為「天樁」，至於那是誰的發明，就不得而知了。

而葉問最後期的入室弟子古生，則是第一個發明彈弓樁的人。他在木人樁的樁底和背面分別加入了彈弓，不再需要兩邊的木架支撐，所佔的空間更少。而且彈弓樁擁有了回彈力，使整個木人樁的反應變得更像人體，故又名「人樁」。葉問曾說，「地樁」太硬、「天樁」只有前後的彈力，「人樁」產生出來的互動效果則是最佳。在陸地的武館裡也有一座「人樁」，但這座「人樁」是改良版，由他的師伯胡振南精心設計而成，採用了四口汽車的避震彈弓，分別對應人體的雙肩，以及盤骨的兩端，再用四口大釘穩穩地鑄嵌在牆上。練習的時候，便可以這四口釘為目標來震動樁心。「世界上只有三座這樣的樁，我有兩座，胡師伯有一座。我有公開給其他人仿製，但真的很可惜，暫時也未有人做到出來。」

陸地說，木人樁的高矮可以根據自己的身高訂製，但三支樁手和一支樁腳的尺寸則有嚴格的規定。其中，最好的樁腳是採用番石榴木製成，而且一體成形，活像彎曲起來的膝蓋。可是現在這樣的木已不常見，一般都是由兩塊木接駁而成。「現在量產的木人樁，質素都很普通。最麻煩的是製造商為了美觀，所以都在樁身上漆了光油，結果練得多了便會脫漆，留下很多不好看的『歲月的痕跡』。但好的木頭根本不用上油，它會吸收我們的汗水、人氣，隨著時間而慢慢變得更深色、更有光澤。我家的木人樁便是這樣。」

而作為詠春「三拳一樁」的最後階段，木人樁法相傳一共有一百零八式，但陸地說，算來算去不是多過、就是不夠一百零八下。不過，是不是有一百零八下其實不重要，因為它背後的意思是指人體一百零八個地方，包括三十六個「大穴」和七十二個「小穴」；「大穴」就是指傷害性比較大的地方，而「小穴」則是傷害性比較小之處。「相對於2D的小念頭、尋橋和標指，木人樁開始進入一個3D的練習。在立體的木人樁上，中線不再是一條線，而是變成了中軸，由頭頂直穿到下陰，我們的攻擊就是要打進這條中軸裡，令到木人樁震動。所以，如果有人練木人樁打到啪啪聲，代表很多時他只是在打木頭，打木頭沒用，你的手會紅會疼會瘀。要打到砰砰聲，而且令到整個樁身一直震才有用。只要我們的方位，是對著牆上那四口釘打，就能震動到軸心。我會要求徒弟，在打木人樁時，手只可以紅，不可以瘀。要懂得那個力是向前的，衝著釘子打，不是將力橫打在樁手上。」

拍手要入　膀手要游

陸地說木人樁裡，有很多重複的動作，為的是練習打同一個位置。而詠春練的，主要是動作，而不練招式，因為招式可以千變萬化，即使同一個動作，運用在不同的地方，都會有不同的效果。例如第一下問手，是從下向上剷。「但有些人這一下會變成了攀頸，其實我們只有在打不中對方頭部的時候，才會變換成攀頸，不會以攀頸來作主動的進攻。攀頸的時候，記得要埋踭，沒埋踭，就會變成了攀頭，對方一頭撞過來，你也會受傷。」

接著的拍手，重點是要拍得夠入。拍得太出的話，雖然樁身會搖得很厲害，但沒用。因為在實戰裡，如果拍得太出，就只能把對方的前臂拍開，他另一隻手仍有空間可以進攻。「相反，拍得夠入，就等如拍他手踭的位置，這樣一拍，對方整條手臂都會被拍到另一邊去，把他另外一隻手也封住。不過在打下樁手時，為什麼要拍得出，而不是拍入呢？因為這裡的下樁手代表了對方的膝撞，拍得太入的話，你也會中招。這裡拍出，就是為了把對方的膝撞推開，使他失去重心。」

而每一下膀手，都是游進去的，絕不是撞進去。即使是低膀手，也是游進去。「很多人認為打木人樁很痛，痛是因為用錯力；我們打木人樁不是為了撞樁，所有的動作都是為了震動樁身，樁身被震動，就代表了敵人的重心不平穩；而撞木頭，就只是撞對方的手腳，變成了硬碰硬而已。接著的窒手正掌，應該是貼著樁手中間打進去，這一下的目標是打對方的下巴、牙腮位置，打太高的話，就變了打額頭，額頭是人體最硬的地方，所以打額頭沒多大作用。」第四節裡有一下起腳，這一腳本來是踢下陰的，但陸地說，因為歷代祖師都覺得太狠了，於是就改為踢膝蓋。「很多人為了好看，把這一腳踢得愈來愈高，最後變成了側踢。傳統這一腳，是踢膝蓋、大腿內側，所以不用踢得太高。」

抱排掌

頭四節木人樁的動作，都是有關聯的，而且全部都很實用。所以黃淳樑會在教完尋橋後，先教這四節木人樁，之後才教標指，完成標指後，才回來教剩下來的木人樁法。而後五節的木人樁法，也叫作非常規手，多是比較少用的動作，卻很是重要。「尤其是一些狠辣的招數，就放在這五節裡，平時黐手不會用，只會用在木人上。而頭四節可以說是常規手，常常都用，也好使好用。」

例如圈手，是用來補救的。圈手一走，就能接抱排掌。「練的時候是想著將對方拋出去，對戰的時候，則是用來打人。黃淳樑師父曾說，什麼時候用抱排掌把對方拋出去，比打下去更好？就是當對方身後有很多雜物時，他被拋出去就會比打下去傷得多了。」在抱排掌上，黃淳樑與葉正也有不同的打法，陸地認為黃淳樑的方式比較實用。「葉正師父的抱排掌很正規，他是以正身面對敵人，垂直打出去的。而黃淳樑師父的抱排掌，則是從側身走進去，兩隻手呈『L字』形那樣打。的確，『L字』比較順手。這是因為他很重視步法，喜歡走偏門，從兩側打進去。而葉正師父腰馬好，所以打正身也沒問題。」

綑手可以與抱排掌互相配合使用。當你雙手被人抓住，只要用綑手一扭，便能掙脫，掙脫後順手用抱排掌打向對方。但綑手一定要用腰馬力，不用腰馬力去扭，未必能掙脫。陸地解釋，其實耕手後和膀手後也可以接抱排掌。只要有腰馬力，基本上用什麼手威力也會很大。「在葉問那部八米釐影片裡，他打的木人樁，我覺得他打得最好的就是抱排掌。別忘記，當時他患有末期癌症，拍完那條片不久後就病逝了。但當時他打得非常輕鬆，而且整個樁一直在震。硬打的詠春，不是錯，同樣能打倒人，不過那是外家練法，我現在年紀大了，適合內家練法。而當年葉問打的那副木人樁，我有幸也曾摸過，還摸了十多年。不過現在那副樁已被永久保存在佛山的紀念館裡，即是以後也沒有人能摸了。」

敗形腳

在第七節裡有一下敗形腳，就是當我們被對方拉扯，失去重心，後腳往前一踏，形成了交叉腳時的補救方法。在葉正的版本裡，是雙腳先站穩，然後轉身踢向對方。而黃淳樑的版本，卻是在交叉腳時，立即轉身就踢。「黃淳樑師父一直是我的偶像，他說的所有東西都很有道理，唯獨是這一腳，我怎樣試也做不到。因為當你被人往一邊拖，你已經失去了平衡，在失平衡的時候起腳就更危險了。之後也會出現另一下敗形腳，踢出去後要在半空轉成往下踩，但很多人只是踢一踢膝蓋那個位置就算，這樣是不夠的。因為在實戰時，如果你踢向對方，對方很自然會往外門那一邊閃避，所以這時你要立即把腳的方向，轉往外門那邊踩下去，以補救你剛踢失的敗形，即使這一腳踢不中對方，至少也可以為你爭取時間站穩，所以黃淳樑師父叫這一招做側身敗形腳。不過我覺得叫追形腳也行，因為你是追著對方來踢。」

陸地說，在詠春裡，主要有兩種常用的踢法。第一種就是所謂的踢毽腳，如踢毽的姿勢，把腳掌傾斜地踢出去。「因為垂直地踢出去的話，如果不幸被對方雙手一抓，把你的腳擒住，他只要往上一托，你整個人就會往後仰，立即失去平衡。但在散打中，更常見到的是，當對方抓到你的腳後，立即就向橫拖，如果你是垂直踢的話，你絕對會立即跌倒。但如果是踢毽腳的話，因為是傾斜地踢出去，所以你的膝蓋關節仍然有緩衝的空間，減低你受傷的機會。」而另一種踢法，就是剛才說的那種，側身敗形腳。「當你踩下去的時候，只要再用上身體的重量，對方就難接得住了。所以不是踢一下，而是踩下去。」

剷腳

第十節有一下腳，很多人以為是刷腳，上面雙手拉著樁手，下面就用腳掃。「但如果掃不中呢？我的腳已抬起，他一衝過來，我就會失重心了。刷腳、勾腳，這些動作其實都不是詠春所為。這一腳真正的踢法，是往對方上五寸下五寸的脛骨位置，用力剷下去。剷到前腳就剷前腳，前腳避開了，就連後腳一起剷。」陸地形容這一招十分狠辣，他曾經有師兄弟在練習時被剷中，結果整塊腳皮也被剷了出來。「而我見過這招用得最好的人，就是李小龍，詠春門人都沒人比他用得更好。他在《猛龍過江》裡，與羅禮士對戰那一幕，便是用後踩腳來截停對方。我們之前說的是前踩腳，而他就特別用上了後踩腳，這其實不是常規腳來的。但李小龍就是想通過這一種非常規腳來表達一些訊息。」

「為什麼他要這麼踢？因為常規的打法不夠羅禮士打。在幾秒之前，他還被羅禮士打到跌在地上。於是他覺得之前的打法不對，便站起來開始放鬆自己，用步法避開了羅禮士的攻擊。這裡他想表達的就是，他改變了打法，不再用常人的打法，而是改用了另一種新的打法，這種打法雖然看似不合理，但整個戰局卻因此改變了。用傳統打法不夠打，因為對方正是傳統打法的世界第一，所以他要用反傳統的方法打才會贏。而且傳統打法中從來沒有人會像他那樣跳來跳去，雖然現在很多人都學他那樣跳，但在那個年代他是非常創新的。」

無影腳

整套木人樁，一共有八腳，但數來數去，卻只有七腳，第八腳去了哪裡？有人說，那一腳在尋橋裡。但尋橋那一腳只是正身腳，並不算是第八種。陸地說，第八腳，其實就是傳說中的「無影腳」。「在很多詠春的電影裡，無論是《一代宗師》裡的梁朝偉、《葉問前傳》裡飾演梁壁的葉準，還是《葉問終極一戰》裡的黃秋生等等，他們都曾經使出過這一腳。而這一腳，的確是存在的，它在木人樁法裡看不到，是因為被隱藏了起來。隱藏在哪裡呢？木人樁每一節的最後，都會有一下雙托手的動作，很多人都沒有太在意這一下，以為只是普通的收式。但聞說當年葉問在弟子學完木人樁後，便會默默地走到樁前，做出這個雙托手的動作，同時往上踢出一腳。即是說，這個雙托手的動作，被隱藏了一腳；而每一節到最後都會練一次，一共練十次，可見這一腳有多重要。」

很多詠春師傅都很喜歡拍下自己使出這招「無影腳」時的英姿，但陸地開玩笑地說，他們很多只是先把腳放在木人樁上，然後再拍張照片留念，並不是真正踢出來的，因為這一腳要踢得對，踢得高，是非常困難的。「年輕時，黃淳樑師父的無影腳是踢得最好的，連葉正師父也讚過他。這一腳真的不易踢，首先你要跟木人樁站得很貼，然後在雙肩沒動的情況下出腳，也只有在這樣的處境中，對方才難以發現你起腳，到他發現時已來不及反應，所以才會稱為『無影腳』。在木人樁上，初學者要求踢到樁腳以上的高度，進階就是踢樁身的中間，最高境界就是踢到下巴與牙腮的位置。而且這一腳，正式是從下往上，穿過下樁手，再踢上去。因為這樣才能封住中線，不能從外邊踢進去。所以『無影腳』非常難練，但殺傷力也非常之大。」

回顧詠春裡這「三拳一樁」的練習方式，從小念頭開始感受什麼叫力從地起、身體的重量，以及旋轉力；到尋橋通過轉馬、上馬，練習如何結合腰馬之力；到標指在上述兩種套路的基礎上，再加上速度，就能敗中求勝；以至最後的木人樁法，就是從平面的想像，具體化成立體的木人，讓你將各種力學運用在不同的動作之上，讓每一下都足以震動木人的中軸，震撼對手的重心。陸地說，這樣一級一級拾梯而上，便是詠春行之有效的學習方法。「黃淳樑師父曾經在李小龍離世那年，跟他有過一次十分親密的閉門面談。當中他提過一點，指學習詠春就像建房子，從小念頭的地基開始，一層一層往上搭建。而截拳道卻少了中間幾層，所以很多弟子才難以跟上李小龍的步伐。不過，詠春的動作也不是一成不變的，恰恰相反，只要不離原則，它能容許每個人打出自己的風格。所以，以上我所分享的只是我個人的見解和心得，並不表示我說的就是對，其他人的方法就是錯。而事實上，據我多年的觀察，不同的詠春師傳，在打小念頭時，大概有八成相似；到了尋橋，就有七成相似；標指就只有六成似；去到木人樁就剩下一半相似；在棍和刀方面，更是完全不似，基本上各有各特色，各有各精彩。」

截拳道論

李小龍之女李香凝
贈予陸地的照片，
簽名中感謝了陸地
為宏揚李小龍所作
出的貢獻。

李小龍對截拳道提出了三個階段，即「黐緊核心」、「從核心中解放」和「回返原本之自由」。起初要依循基本的模式學習，進而從模式之中把自己解放出來，最高境界則是要讓所有動作，回復到成為身體的自然反應。

少年李小龍與葉問，約攝於五十年代。

World's Leading Magazine of Self-Defense
OCTOBER 1967 50 CENTS
BLACK BELT
BLACK BELT SURVEY: U.S. Karate Forges Ahead Of Judo
HOW EFFECTIVE IS JUDO IN POLICE WORK?
GREEN HORNET'S "KATO"
Does He Really
Practice Kung-Fu?

李小龍登上《黑帶》雜誌封面，這期介紹他所主演的電視劇《青蜂俠》，即後方的眼罩造型。

香港一本以漫畫形式介紹李小龍雙節棍的刊物。

上：李小龍於自家花園對弟子進行私人教學，最左背對鏡頭者為黃錦銘。

下：一九九八年，陸地（右方）訪問西雅圖振藩國術館，中間為李小龍的弟子木村武之，左方為木村的兒子。

一九九八年，陸地與木村武之到李小龍、李國豪父子墳前拜祭。

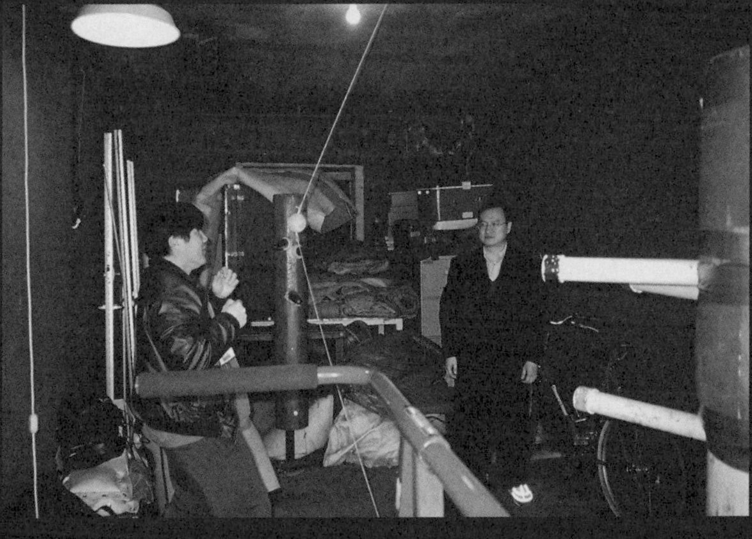

上：李小龍的弟子嚴鏡海之墓。

下：嚴鏡海之子嚴民發，向陸地展示一種練習工具：把網球鑽孔，穿上一根有彈力的繩子，繩子兩端綁在房間上下，擊打網球時，網球就會高速擺動，以此練習反應和速度。

陸地在武館示範截拳道。右起：擺樁式、二人對練、打手靶。

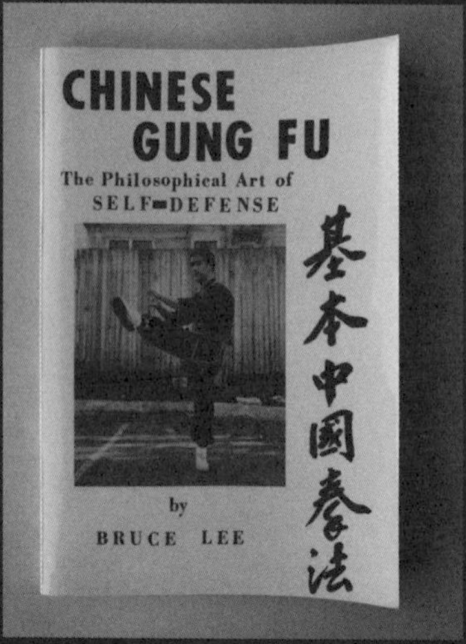

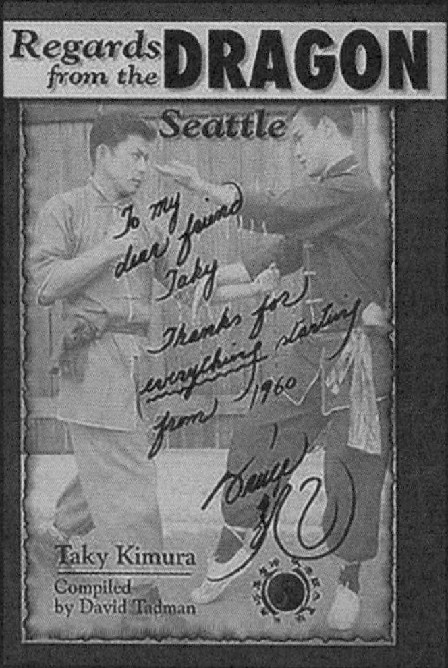

上：一九六三年，李小龍第一本在美國出版的書籍《基本中國拳法》。

下：二〇〇九年，講述木村武之與李小龍之間故事的書籍。

謝華亮出版的《小圈柔術》。謝華亮是李小龍奧克蘭時期的好友之一，他把日本柔術在美國發揚光大，又被稱為「美國柔術之父」，對李小龍的截拳道也帶來很大的影響。

振藩截拳道

一九九七年陸地應梁敏滔邀請，參與《李小龍技擊術》一書的編撰工作，因此認識了李小龍的入室弟子黃錦銘，以及李小龍的妻女，從此更與截拳道結下不解緣。後來，陸地促成了振藩截拳道核心香港分會的創立，直至今天仍不遺餘力地推廣截拳道。然而，當年陸地只學了一年截拳道，便開始撰寫《李小龍技擊術》裡的文章，與現在擁有二十多年經驗的他相比，只覺今是而昨非。所以藉著此書，他希望修改當年的觀點，重新分享自己的心得，讓大家對振藩截拳道這一門包含了武學、科學、哲學的功夫，能有更正確且全面的理解。

「書裡的文章是我在一九九八年寫成的，那時我才剛剛開始接觸截拳道，思想仍然是以詠春為主導，所以寫出來的絕對是一些不成熟的想法。在其中一篇文章：〈黃淳樑與李小龍武術思想之比較〉裡，當年我甚至說截拳道的第一階段，是李小龍在香港所學的詠春拳。這個說法真的大錯特錯，因為截拳道是一種由李小龍所開創的新武術，這種武術是他針對中國傳統武術的不足，而特別設計出來的。傳統武術，當然也包括了詠春，所以截拳道的核心並不是詠春，甚至是背道而馳地走往完全相反的方向。」

黐緊核心

李小龍曾經在美國《黑帶》(*Black Belt*) 雜誌這樣介紹截拳道：「要培養截拳道，需要經過三個互為聯繫的階段。第一個階段為『黐緊核心』；第二個階段為『從核心中解放』；第三個階段為『回返原本之自由』。」不過李小龍並沒有為這三個階段，再作詳細的解釋及補充。所以二十多年前，陸地只能試著以自己粗淺的經驗來闡釋這三個階段，當然今天的他自然有不同的看法。「核心，其實是指截拳道的練習系統。英文叫 structure，有一定的模式、理論和方法。例如截拳道的樁步是怎樣，發力的方法是怎樣，強手在前的功效是怎樣。這些方法，背後都有一套完整的理論，所以學習截拳道的人，便要從學習這些基礎理論和訓練方法開始。」

李小龍曾經為截拳道設立了一個評級機制，一共分為八級，達到第三級便可以成為教練。而陸地認為李小龍所指的第一個階段，就是完全掌握截拳道的基礎知識，即是在首三級課程裡學到的東西。「為什麼我當年會誤以為截拳道的第一個階段是詠春呢？因為那時我看了伊魯山度 (Dan Inosanto) 一本叫做《截拳道》的書。這本書是他早期的著作，思想並沒有後期那麼開放，後期他開放到什麼都可以叫截拳道，還創了一個叫『截拳道概念』的流派出來，完全偏離了李小龍原本所提出的截拳道武學範圍，所以那時黃錦銘師父才會走出來，提出他所教的才是『原本截拳道』，跟伊魯山度的『截拳道概念』是完全不同的東西。不過，伊魯山度早期的學說，還算是比較有系統的。當時他參考了李小龍曾經居住過的三個地方，分別是西雅圖、奧克蘭及洛杉磯，並將李小龍在這三個地方所發展出來的武術理論，套用在那三個階段裡面。因為當年李小龍在西雅圖教的是詠春拳，所以他就把截拳道的第一個階段當成詠春拳，而我當年也是參考了他這套說法。但現在我就知道，並不能以地域來區分。而且李小龍早期在西雅圖所教的振藩國術，是一種接近詠春的拳法，卻不是截拳道來的，所以第一階段『黐緊核心』，絕對不包含詠春。」

紅金太極

截拳道的核心鍛煉，即是首三級課程的綱要，陸地特別改了一個名稱，叫「截拳七藝」，包括了一樁、八步、九拳、三腳、五攻、五避、三反擊。一樁是警戒式樁，著重強手在前，身行一線，後腳發力和三角理論。而八步，就是指八種不同的移動方法，步法是練習截拳道裡最重要的一環。「李小龍曾這樣說過：格鬥的精粹在於懂得移動的藝術。所以在截拳道裡，我們也很注重步法的鍛煉。當年黃錦銘師父告訴我，他在腳尖前放一個硬幣，後腳一刷，前腳就要把硬幣接住，所以他的步法真的練得很厲害，網上甚至有些朋友形容他是floating on air。」九拳包含了九種拳術，強調手先行，先發先至。三腳則是指最具代表性的前踢、橫踢和勾踢。

這「截拳七藝」並沒有套路，主要是以散打式的方法練習，所以每一下動作背後都有學問，但又不設任何限制，可以自由組合自由發揮。不過，當中最重要的是截拳道獨有的發力方法，這種發力方法的原理甚至跟傳統功夫完全相反。傳統功夫講究力從地起，經過腰馬發勁，再將力量傳遞至拳頭，所以在攻擊的時候，傳統功夫是「身先行」；但李小龍卻認為「身先行」有一個問題，就是在實戰的時候，對方一察覺到你身體移動，便已經會作出反應，這樣便不夠「快」。後來，他從劍擊運動中得到靈感，提出了「手先行」的概念：以手帶動身體進行攻擊。在這樣的情況下，對方往往難以察覺到你的攻擊，甚至是被擊中後才見到你的身體有所移動。「這也是為什麼大家都以為截拳道很『快』的原因。其實並沒有真的很快，李小龍曾經說過，在奧運會裡很多運動員都比他快，所以他肯定不是最快的。這種『快』其實是對方產生的錯覺，因為『手先行』，他在毫無先兆的前提下，便被你擊中了，所以才會覺得你很『快』。」

至於力量的來源，陸地說截拳道的「紅金太極」標誌，其實就解釋了箇中的玄機。「這個『紅金太極』與傳統的太極圖，主要有三個不同的地方。第一它是一個逆太極。採用逆太極的原因很簡單，因為李小龍想表達出截拳道與傳統功夫是完全不同，甚至是相反的。第二和第三個不同，就是改用了紅金二色，以及添加了兩道箭咀。當中紅色所代表的是形的走向，而金色則代表了力的走向。當截拳道起動時候，雖然是我們的手帶動身體往前移動，但那一刻真正最發力的地方是後腳腳尖，手反而是最鬆的，因為要鬆才夠快。所以左方金色的箭咀是從下往上指，這標示了力量，即是力的走向（力從地起）；而金色最大片的部份，即是最大力的地方，是在右上方。但當你擊中對方的那一刻，你整個人的重量，連同所發出的力，已經聚集到手上，所以那一點的力度也是最大的，這個力並沒有直接回到地面，而是傳遞到對方身上，所以右邊用了紅色箭咀，標示了身體往下的流向；而這一刻也是你動作最大的一刻，所以逆太極中，右邊箭咀代表身體由上向下的移動（回返於地）。李小龍就是通過這種結構性的改變，讓截拳道也可以產生出跟傳統功夫一樣的力度，但所需要的距離和時間，都相對地更短和更快。」

從核心中解放

李小龍生前出版過一本書叫《詠春拳》。據說當時他的弟子嚴鏡海患上了癌症，需要大量醫藥費救治，於是李小龍便把自己和黃錦銘、嚴鏡海練武的照片，還有一些關於詠春拳與振藩國術的文章交給《黑帶》雜誌，讓他們出版成書。李小龍更把作者的名字轉讓了給嚴鏡海，自己改當技術編輯（technical editor），希望嚴鏡海能以此書的版稅度過難關。陸地說，他當年將「經李小龍修改過的詠春拳（Scientific Ving Tsun），即振藩國術（Jun Fan Gung Fu）」理解為第二個階段，也是錯誤。「其實看名稱也應該知道，『從核心中解放』的意思是從第一個階段，也就是從截拳道首三級課程裡的東西『解放』出來，不會是由一種武術演變成第二種武術。李小龍所說的『解放』，是指放下，甚至是離開，代表了截拳道評級機制裡的第四和第五級。」

截拳道的第四和第五級並不設考試，主要是由師父評估徒弟的造詣，看他能否突破首三級的框框，把所學的東西靈活自如地運用出來，這才是「從核心中解放」的真正意思。「實戰就是當中的關鍵。當你準備跟人對戰，你會擺一個怎樣的姿勢出來？我常說，沒有姿勢就是最好的姿勢，這樣對方就不會知道你下一步想做什麼。如果你一開始就放了一個攤手出來，對方一看就知你是詠春，就會猜到你下一個動作想怎樣。所以『從核心中解放』就是這個意思，在對戰時，不要被自己所學過的東西限制了自己，這也是為什麼截拳道特別著重搏擊的原因。李小龍在六十年代，就很鼓勵他的弟子要戴上護甲、護具、拳套來進行搏擊。實戰訓練是練習截拳道最重要的手段之一。」

回返原本之自由

一九六七年七月，李小龍在洛杉磯開設武館期間，首次對外提出了「截拳道」這個名稱；但到了一九七〇年一月，他便關閉了所有武館，專注於電影的拍攝工作；而不幸地，三年後他便與世長辭。所以，很多人都認為李小龍留下來的「截拳道」，只經歷了很短時間的發展，直至他去世前還未完成。關於這一點，陸地卻認為，李小龍花了很長時間為「截拳道」命名。在此之前，他早已考慮過多個名稱，但每一個他都不滿意，覺得不能夠充分表達出這門功夫的特色，即使最後決定了用「截拳道」，他還是覺得這個名稱仍然有很多限制，所以後來索性直接稱這門功夫為「JKD」（即截拳道 Jeet Kune Do 的英文簡寫）。所以，「截拳道」早在一九六七年被命名之前已經存在，並且有一套很完整的「核心」理論。

「正如很多人說『詠春拳學』是黃淳樑師父最後的境界，這我是不同意的。因為『詠春拳學』裡很多東西，師父很早已經講過。他一九九六年所提出的『詠春拳學』，其實是他將那麼多年來，對於詠春的心得歸納出來的成果，並不是憑空爆出來的新理論。所以，我也不認為李小龍未完成截拳道，我亦不知道何謂完成。李小龍的武學修為，是大家有目共睹的。很多演藝界的人，例如洪金寶和陳惠敏，都跟李小龍切磋過。相對地，傳統功夫裡所提到的古人，也不知道他們是否真的存在。所以，李小龍生前所創立的截拳道，已經豎立了一個目標給大家，就是達到李小龍的高度，當然最好能夠超越他，因為截拳道的理論就是鼓勵大家要超越他，只不過至今似乎仍未有人能達到李小龍的境界。」

所以，截拳道的第三個階段「回返原本之自由」，自然也不是指李小龍在洛杉磯時期的武術發展，而是指向一種武學境界。「曾經有人問過李小龍：return to the original freedom 太過哲學性了，不易讓人理解。於是李小龍就給了一個定義，『回返原本之自由』就是直覺（intuition）。即是在實戰中，不再有任何預設，所有動作都是源自身體的自然反應。他在《龍爭虎鬥》裡，與由喬宏飾演的少林方丈有過一段對話，正好可以用來解釋。在那一幕裡，喬宏問了他幾條關於武術思想的問題，而李小龍的回答令喬宏感到很滿意，結果准他代表少林下山出戰。當中李小龍便曾說到：『我的拳頭並沒有打出去。』英文對白是這樣：I don't hit, it hits all my itself。即是我沒有想過要把拳頭打出去，而是我的拳頭自己就打了出去。」

陸地解釋，如果每一下動作都要先經過大腦的指揮才動，在實戰裡其實已浪費了很多時間。要快，就要不經思考，讓身體能以自然反應就動起來。「想像你將手伸向一塊很熱的鐵板上，這時你不會想：哇很熱啊，我要縮手了。而是你身體的反應，立即就會縮手。當然所有人都有自然反應，但李小龍所提出的，是一種經過鍛煉而成的，能應用在對戰上的自然反應。這才是第三個階段『回返原本之自由』的真正意思。而且這不僅是截拳道，其實所有武術，練到最後都應該是這樣。他在六十年代便提出了這樣的概念，之前從沒有一門一派講過，真是非常前衛的想法。」

陸地認為，李小龍所提出的這三個階段，其實並不只適用於截拳道，更是適用在各種武學之上。第一個階段，就是依循基本的模式學習；到了第二個階段，就要從那個模式之中把自己解放出來；最後，就是要讓所有動作，回復到成為身體的自然反應。而所謂的門派之分，各自的差異只在於第一個階段，它們練到極致，都是殊途同歸的。「我記得曾經有位徒弟問過我，說：『師父，你又玩截拳道，又玩詠春，到了真正打架時，你會用哪種功夫？』我說很簡單，真正打的時候，我什麼都不會想，不管它是截拳道，還是詠春，所有能用的動作我都會用。因為去到最後，所有功夫也是看能不能在實戰裡應用出來，用不到的話，第一個階段有多天花龍鳳都是假的。」

黃淳樑與李小龍的武學思想

陸地認為，無論詠春或是截拳道，對他來說，在第一個「黐緊核心」的階段裡，就只不過是兩種不同的訓練方法；截拳道有自己方法，詠春也有自己方法，但這兩種方法是不同的，兩者不能結合起來，也不需要刻意去比較高低。然而，在他與黃淳樑相處的日子裡，他發現黃淳樑與李小龍這兩師兄弟，在思想上其實有很多相似之處。「首先我要指出，當年我在《李小龍技擊術》裡，替黃淳樑師父的『詠春拳學』改了一個英文名，叫『Scientific Wing Chun』，其實是擺了一個大烏龍。一九九八年，我們還用這個名字註冊了一間有限公司，之後很多師兄弟也沿用這個名稱。我現在真是後悔莫及。因為師父的『詠春拳學』又怎會只有科學那麼簡單，裡面其實還包含了很多哲學層面的學識，例如是標月指、無招勝有招、做詠春的主人等等，這些理論都是哲學來的。當年我實在太幼稚了，很單純地把『詠春拳學』與『截拳道』，一個分作科學，一個則分成哲學，將兩者很表面地互為比較，實在是不公平。」

「不過，我覺得他們是互相影響的。黃淳樑師父作為李小龍的授業師兄，這是個不爭的事實。他對於李小龍早期的武術體會，尤其是在搏擊方面的經驗，影響可以說十分大。因為在李小龍離開香港之前，他曾經有一場比試，在第一回合裡吃了虧。由於他當時已經是明星，很擔心會被對手打傷自己的臉，所以打完一個回合就不想再打了。但黃淳樑師父則鼓勵他繼續打下去，只要把第一回合裡所犯的錯誤糾正過來，就一定會贏。結果李小龍最後真的打贏了，後來他去到美國，基本上也是沒輸過。所以我覺得這一場比試，對於他建立自信有很大的幫助。如果當時李小龍沒打下去，或是打輸了，他的武學人生可能從此就會變得不一樣。這便是黃淳樑師父對他的影響。」

那麼，李小龍對黃淳樑又有什麼影響呢？曾先後作為黃淳樑與葉正的徒弟，更學習過截拳道的陸地，自然有很深刻的觀察與體會。「我會覺得葉正師父教我的是傳統的詠春，畢竟他是葉問師公的兒子，相對上，他所教的一定是最傳統最正統的詠春。但黃淳樑師父的詠春，在演繹上就跟傳統很不同，他把自己豐富的搏擊經驗融會到詠春之中，而這方面其實很有截拳道的味道。簡單來說，就是兩者都相當著重實戰應用。當然詠春是有套路的，截拳道則是一系列的散打練習，在『核心』階段還是有很大的分別。可是，往上的發展就很相似了，尤其在二人的思想方面。李小龍曾經說過，截拳道就像一艘船，這艘船載了你過河之後，你就要放下它，走自己的路。如果你還要背負著這艘船來走，便會走得很辛苦。這個道理，與當年黃淳樑師父跟我說：詠春的最高境界，就是要做詠春的主人，其實是同出一轍的。當你能夠『從核心中解放』出來，做到『回返原本之自由』，在那個境界裡便再沒有門派之分，你就是所有功夫的主人，你想怎樣用就怎樣用。相反，當你還執著於什麼是詠春，什麼是截拳道，即是代表你還處於第一個階段，尚未能從核心中把自己的思想解放出來。」

在一九七三年，黃淳樑曾經與李小龍有過一場長達十一小時的閉門對話及比試，內容當然包括了各自對詠春和截拳道的看法與互相印證。但大半年後，李小龍便離世，陸地相信這件事某程度間接啟發了黃淳樑，想發展出一套屬於自己的武學思想和理論。「師父曾經跟我說過，希望有朝一日詠春能變成一門學科，每個人都可以研究當中的學問。就像金庸的武俠小說是一個層次，研究金庸小說的『金學』則是另一個層次。所以，『詠春拳學』並不是一九九六年才出現的，他在七十年代已經有這種想法。」可惜的是，自黃淳樑離世至今，暫時仍未有人能夠繼續「詠春拳學」的研究，甚至很多人都誤以為「詠春拳學」就是「黃淳樑風格詠春拳」，或是「黃淳樑詠春拳」，就像把《紅樓夢》與「紅學」劃上了一個等號。

八段錦功

陸地於一場商會的頒獎禮上示範八段錦。

所謂「筋長一寸，壽延十年」，修練易筋八段錦，有效拉鬆筋絡，提升各種生理機能，達到逆齡及延年益壽的效果。它雖然不是技擊之法，但當筋絡放鬆，就能發揮出更大的力量和速度，提升其他武術的威力。

陸地示範八段錦，背後為參與頒獎禮的政府官員。

陸地示範八段錦，背後為參與頒獎禮的政府官員。

釋延王於武館教學。

釋延王在指導學員正確的姿勢。學員除成年人外，也有外國人和小孩子，證明八段錦無論任何人也適合修習。

陸地在武館教授八段錦。

攝於少林寺，中央為方丈，兩旁分別為陸地與何志平。

陸地於拜訪少林寺時，獲方丈送贈「少林武功醫宗秘笈」一箱。

陸地的大弟子劉覺真示範八段錦中的八個代表動作。

鬆而不散

無論詠春抑或截拳道，兩種功夫都擁有各自的「核心」，不同的練習方法，注定了兩者沒可能合二為一。唯有修練到「從核心中解放，回返原本之自由」的境界，真正成為了功夫的主人後，才不再有門派之分。然而，由釋延王所教授的易筋八段錦，對於陸地來說卻是例外。它的「核心」不單只不會與其他功夫發生衝突，甚至有助於所有武術鍛煉。即使是不會任何功夫的人，學了它也能有益身心。陸地說原因很簡單，因為八段錦是一種內功，主要是練來放鬆身體的筋絡，雖然它不能用來格鬥，但當筋絡放鬆，就能發揮出更大的力量、更快的速度，從而間接提升各種「核心」的戰鬥力。

「一般人都習慣依靠肌肉來發力，當我們愈想用力愈想快，肌肉就愈會收緊，但在傳統功夫裡，肌肉愈緊，其實愈難將力從地起的力量發揮出來。我常常跟徒弟做一個示範，叫『牽一髮動全身』。當一個人把全身的肌肉都繃緊起來後，原來我只需要用一根手指，輕輕推一推他的手，便能令他失去重心。為什麼呢？因為當他的拳頭、前臂、上臂、膊頭，到頸部的肌肉都收緊了的話，那麼他整個上半身便會連成一塊，這時只要透過簡單的槓桿原理，就能很輕易地扳動對方的上半身。相反，如果我的上半身是放鬆的，對方拍開我的拳頭，就只有拍開拳頭，並不會影響到其他部位，我的前臂、上臂、膊頭、頸都是獨立的，而且每一個關節都可以用來攻擊。當然這種放鬆，仍是處於警戒狀態下的放鬆，不是叫你放軟手腳，而要做到鬆而不散。」

尤其是特別講究腰馬合一的傳統功夫，由於從腰馬所轉發出來的力是非常強大的，如果上半身的肌肉過於繃緊，便會窒礙了這個力的傳遞。那麼為什麼放鬆了之後，反而能夠將腰馬力最大的效果發揮出來？陸地說，因為力的傳送其實是透過身體裡面的筋絡，而不是肌肉。就像揮動一條毛巾，與揮動一支鐵棒的分別，只有中間夠鬆，才容易將力由一端傳往另一端。「學功夫千萬不要跟人以力鬥力，以力鬥力的話，如果你遇上的對手是一個大隻佬，那麼不用打，你一定會輸。但如果運用腰馬力就不同了，因為就算對方的手瓜再粗，都一定不會比你的腰粗。這也是為什麼傳統功夫裡，各門各派都很重視腰馬力的原因。而八段錦，正是一種能讓我們有效地拉鬆筋絡的內功，所以無論是我詠春的徒弟，還是截拳道的徒弟，我都要求他們連八段錦也一起學。筋絡鬆了，不只有助發力，在練習時也能大大減低受傷的機會，真的非常有用。」

氣與勢

釋延王是少林寺四大金剛之一，廣為人知的是他曾一邊接受化療，一邊修練「易筋洗髓功」，最後竟成功從末期癌症中完全康復過來。後來他在香港跟陸地相處了八年，向這位弟子分別傳授了易筋洗髓功、四段功以及八段錦。這套八段錦，原名叫「易筋八段錦」，是從《易筋經》中抽取出來的一門鍛煉方法，在三套內功裡算是入門級別，但相對地也簡單易練，而且成效顯著。自幼就學習一般八段錦的陸地，也對這套內功情有獨鍾，花了很長時間去鑽研。「很多人一聽到《易筋經》，就聯想到金庸小說裡的絕世武功。但現實中的《易筋經》並沒有那麼玄幻，簡單來說它就是一種拉筋的方法，過程中也講究呼吸的節奏，在動作與呼吸互相配合下，就能產生跟一般八段錦不一樣的效果。」

釋延王也解釋過，易筋八段錦是一種「氣功」，但他所謂的氣功，並沒有什麼神秘主義的色彩，更加不是特異功能，就是簡簡單單的關於呼吸的方法。所謂的氣，就是指呼吸。不過，要做到真正的呼吸也不容易。釋延王說「氣功」與「內功」在古時是同一個意思，只要透過調節自己的呼吸，就能讓身體回復到本來的狀態。原來在大多數時候，因為工作、生活，我們的身體也不在原本的狀態，在不自然的狀態下，身體裡很多機能便沒辦法得到正常的發揮。所以，首先從調節呼吸開始，就能慢慢調節身體，讓它回復到自然的狀態。

除了氣之外，還有勢。勢包括了架勢和招勢：靜止不動，像一個架子一樣就是架勢，也叫定勢；讓身體移動，擺出不同的姿勢，這一連串的動作便是招勢，又叫動勢。定勢與動勢，功法有別，但功效相同，兩者都是為了讓身心得到平衡。而勢的重點也很簡單，就是把動作做好，做好了，就能見效。怎樣才算是把動作做好？就是把動作做到位，在做時不和別人比，只跟自己比，達到自己動作最大的極限，就能起到最佳的作用。也只有跟自己比，才沒有盡頭，因為人一生都在校正身體，修正生命。而這氣和勢，即是呼吸與動作，兩者加起來便是《易筋經》的要旨，也是八段錦的重點所在。「聽起來好像很容易，做起來也不難，但真正難的地方，在於堅持，你真的要花時間長期練下去。其實所有功夫都一樣，因為功夫就是時間，你不堅持練習，不花時間，就不會有真功夫了。這個道理其實人盡皆知，可是實際上真的不是人人都做得到。」

大弟子的心得

在陸地的推動下，這二十年來真的有不少人受到影響，願意花時間修練八段錦，而且成效非常顯著。「例如我截拳道的師弟方靜波，他就很擅長『易筋洗髓功』；我的兩位徒弟，一男一女，我常開玩笑說他們是我的『左右護法』，女的那位，她練八段錦練得很好，年齡我就不說了，總之不是後生女，但她不單只身體仍然很柔軟，樣子看上去甚至比真實年齡年輕了二十年。至於男的那位，他同時是我詠春那邊的大弟子，但近年非常醉心於八段錦，甚至還把自己練了八段錦後的身體變化記錄下來，做了很多科學化的數據分析，最後寫成一篇學術論文，真的很厲害。我當然很鼓勵他繼續推廣八段錦，所以他閒時也會在他家附近的公園裡，教街坊練習這套內功，有幾十人跟他學呢。他不時會跟我分享一些徒弟，即是我徒孫的照片，其中有位七十多歲的學員，剛開始，他把雙手一上一下往背部放時，不能互相扣合在一起，但練了一段時間後就摸得到了。又有一位，年輕時做廣告行業，未練之前有寒背，但練完八段錦後，整個背脊都拉直了。看到他們的成效，我真的感到很安慰。」

陸地的這位大弟子叫劉覺真。在七十年代他還年幼的時候，便學習過多種武術，包括剛柔流空手道、詠春、跆拳道、白眉、雄勝蔡李佛、北少林、羅漢門及太極螳螂。後來他成為了一名工程師，因為工作繁忙，這位武癡只好暫時把功夫擱下，雖然期間他也曾經練習過楊式太極，但不到年半就沒有繼續練下去了。直至二〇〇〇年，因為工作關係，劉覺真認識了陸地，沒想到這次邂逅卻讓他重拾當年學武的興致，特意跑去陸地剛成立的武館裡拜師學藝，重新鍛煉早已放下了大半輩子的詠春拳。作為大弟子，這二十年來每個周末，他都會準時出現在武館，協助師父指導一眾師弟。

「坦白說，我最初只是想跟陸地師父學詠春拳。後來他認識了釋延王師公，學了八段錦後，我們詠春班的弟子便跟著他學習。但當時的興趣真的不大。」不過，隨著練習八段錦的時間愈長，劉覺真愈發覺這套內功真有成效，於是逐漸願意花更多時間練習八段錦，也進一步跟陸地學會了「易筋洗髓功」。「隨著年紀增長，發現到練習八段錦對身體健康真的有幫助，大概從二〇一四年開始，我便專注去修練八段錦；在退休之後，就更全身投入鑽研，相比起之前，所體會到的成效也更加明顯。」

劉覺真說，八段錦是中國源遠流長的一套養生功，最早可以追溯到九百年前的南宋時期。而來到今天，八段錦即使在香港也很普及，經常可以見到有人在公園裡練習。「不過，一般的八段錦跟釋延王師公那套易筋八段錦很不同。縱使大家的名稱和動作都很相似，但由於沒有相應的呼吸方法配合，更沒有師父傳授的口訣，例如『拔字訣』、『墮字訣』、『展字訣』，去幫助微調動作細節，使到一般的八段錦，變成不過是一種柔軟體操運動，沒能發揮出它真正的效能。這些東西是要跟師傅學的，雖然現在網上也有很多釋延王師公親自示範的影片，但你跟著做也沒用，因為你不懂得怎樣呼吸及不知道口訣。而當你學會了呼吸，懂得口訣的竅門，那麼這套內功不單只可以幫你拉鬆全身的筋絡、增強心肺功能，還能運動經脈、調理內臟、提升各種生理機能，達到逆齡及延年益壽等養生效果，正如中國最遠古的醫術書籍《黃帝內經》提到：『骨正筋柔，氣血自流，筋長一寸，壽延十年。』」

經過多年修研，劉覺真將八段錦裡的八種動作及其功效，作了一個完整的分類：

第一式：雙手托天理三焦

通過兩手上托，緩慢地用力保持伸展，便可以紓緩「三焦」在日常生活中所累積下來的壓力。「三焦」就是對應「上焦」的心和肺；「中焦」的脾、胃、肝、膽；「下焦」的腎、腸、膀胱等不同臟腑。在運動學上，這一式還能防治肩頸疾患、伸展脊骨，有助矯正寒背，對治療脊骨神經痛症特別見效。

第二式：左右開弓似射雕

通過擴展肩胸及伸展手臂，從中醫的角度，可以刺激督脈和腧穴，調節手部太陰肺經等經脈之氣。我們身體裡有十二個腧穴，當中對應五臟的腧穴都位於背部，而所謂的督脈，就是由下腹開始，向下走到下陰，再從背脊轉上去頭頂大腦裡面。這一式可增加前臂和手部肌肉的力量，提高手腕及指關節的靈活性。

第三式：調理脾胃須單舉

顧名思義，這一式針對脾胃的調理。通過雙手左右上下對拉，可以牽扯橫隔膜，刺激胸腹，對位於「中焦」的脾胃等臟腑，產生按摩的作用。

第四式：五勞七傷往後瞧

從中醫的角度，我們的七情六慾，均會對身體裡的五臟六腑帶來不好的影響。這一式的「七傷」，分別代表著喜、怒、悲、憂、恐、驚、思，這七種情緒都會使我們的五臟，即心、肝、脾、肺、腎，做成勞累。而通過這一式的轉頭動作，可以刺激頸部的大椎穴，幫助化解五臟的疲勞。而從運動學的角度，增強頸部的運動幅度，能預防肩、頸、背的疾患，改善腦部的血液循環，有助紓緩中樞神經系統的疲勞。

第五式：搖頭擺尾去心火

心火是指心熱火旺的躁症，而通過兩腿下蹲，擺動尾閭並且搖頭，這一連串的動作，從中醫的角度，可以刺激督脈、脊柱、大椎穴，達到疏經泄熱的作用。而從運動學的角度，搖頭擺尾，可以加強頸、腰、髖的關節靈活性，拉伸脊椎和頸骨，更可糾正脊骨彎曲和紓緩骨刺等問題。

第六式：兩手攀足固腎腰

這一式由兩組動勢組成，分別是犀牛望月及靈貓拱脊。通過前屈後伸，可以刺激腰腎系統，具很好的按摩作用，有助防治泌尿系統方面的慢性病，達到固腎壯腰的作用。

第七式：攢拳怒目增氣力

從中醫的角度，「肝主筋，開竅於目」，所以通過瞪眼這個動作，可以刺激肝經，使肝血充盈，肝氣疏泄，也有助強健筋骨。而從運動學的角度，增強大腿肌肉的氣力，能減輕對膝蓋的負荷，有助紓緩關節軟骨因磨損而引起的疼痛。

第八式：背後七顛百病消

通過十隻腳趾抓地這個動作，能刺激位於腳底的各個穴道，以達至調節相應臟腑的功能。而顛足，則可刺激脊柱及督脈，使全身的經絡氣血通暢。從運動學的角度，顛足的震動，可以輕度刺激下肢及脊柱關節，使全身筋骨、肌肉放鬆復位，有助解除肌肉緊張。

個人實驗成效

劉覺真說，易筋八段錦作為一種內功，在中國的傳統學說裡，自有其玄幻的一面，但如果單純把它當成一種拉筋運動，又未必足夠全面展現這套功夫對身體所帶來的奇妙幫助。所以，他決定用自己的身體做實驗，透過把定期練習易筋八段錦後的身體變化記錄下來，讓大家清楚見到這套功夫的實際功效。「我最近一次記錄是在二〇二〇年五至十一月，在練八段錦的時候，在起首及每一式之間我都會先調息九次，完成八式之後再調息九次。根據紀錄，整套易筋八段錦由頭到尾練一遍，最長的時間是一百零四分鐘，平均也有八十分鐘。我以前沒有練這麼長時間的，為什麼時間變長了？原因是呼吸速度變長變慢了。」

這大半年間，劉覺真也有做其他運動，並同樣記錄下來，將這些數據互相比較，竟發現練一遍易筋八段錦所消耗的熱量，比他在公園裡快走運動所消耗的，高出了百分之七十五。而他在練完「易筋洗髓功」之後，在深層睡眠方面，更比之前的時間長了一倍有多。「這些數據已證明了八段錦的確在我身上見效，而且效果還相當顯著。我也有很多學生告訴我，學了八段錦後睡得好了，人變得更精神了；或是腰骨不再痛，夜尿的次數減少，甚至沒有了。有位學生在修練後做的驗血報告，發現出來的指數，包括肝酵素、膽固醇都變好了。有一位更誇張，說自己本來一頭白髮，現在竟重新長出黑髮來；另一位則說自己的髮線開始向前移。而我呢，從小就有很嚴重的鼻敏感，中西醫都看過無數次，也無法根治這個都市病，但三年前我的鼻敏感竟不藥而癒。去年做的一次身體年齡檢測，出來的結果竟比我實際年齡年輕了十五年。這些成效，全都是有目共睹的。」

劉覺真說，他有位也有練習八段錦的中醫朋友曾說，八段錦是「治未病，不治已病」。但對於劉覺真，甚至是他的師公釋延王來說，似乎連「已病」也能治，他所寫的那份數據論文，就是一份最好的證明。「那份研究報告，是我去年送給陸地師父的生日禮物，並未有對外發表。也因為文章裡只有我一個人的紀錄，我的大學教授朋友告訴我，在學術上，至少要有五十至一百人的臨床數據才具學術發表的價值。」

家人與傳承

陸地於武館教

陸地說，因為有至愛相伴，他在武術之路上才能走那麼遠，陸太太說，這是投其所好。詠春、截拳道、八段錦，多年來陸地作育英才，桃李滿門，弟子們的一字一句，都流露出他們對這個師父的尊敬。

攝於二〇一七年的葉問系詠春套路比賽，陸地左旁為葉正，穿制服的眾人為參加是次比賽的陸地弟子。

上：一九九九年，黃錦銘於香港理工大學主持截拳道訓練班，與學生合照。

下：釋延王與眾學生攝於武館。

攝於香港振藩國術館成立十五周年紀念。

十五周年紀念的晚宴，於武館附近的酒樓舉行。

陸地與學生，攝於二〇一七年的詠春比賽賽前。

上：是次比賽，陸地門下的女子組共獲得二金一銀二銅，成績優異。

下：陸地與學生攝於比賽場地。

二〇一七年，大中華武術家協會主辦「敬師愛徒感恩表彰大會」，陸地於弟子於台上合照。

上：詠春套路比賽前兩個月，陸地聯合七間武館，舉辦武館內的預賽，賽後與得獎者合照。

下：陸地與詠春弟子攝於武館。

夫唱婦隨

年輕時，他（陸地，下同）只會因為兩件事沒時間跟我見面，第一是他要陪媽媽，第二則是他要練功夫，所以我一開始已經知道他是個武癡。不管婚前婚後，我都會陪他到不同地方，甚至外國尋師習武。作為他的太太，投其所好吧！其實過程也挺開心的，總之就是跟著他去做他喜歡的事。

記得有一次，我們參加拉斯維加斯一個研討會，當時很多李小龍的門徒也有參加，還有很多外國人。我看到很多外國人其實比中國人更勤奮，更熱衷於中國武術。雖然他們不懂中文，但仍會靠著生硬的的英譯，死記硬背的方式學習，這是我很佩服的。另一次是由他率團，我們一行人到嵩山少林寺探訪，得到相關單位的領導和方丈熱情的接待，我們在那裡吃了素宴，欣賞了武僧的表演，他還獲方丈送了一些「秘笈」。我們拍了不少照片和影片，大家都很開心，彼此有很好的交流。這些都是令人難忘的時刻。

因為他從不間斷地練武與授徒，有時在一些節日也要外出教授功夫，對此，我從不阻止，也不會不高興，因為我理解他。對他來說，習武並非單純物理性的練習，更有精神層面的追求，例如李小龍那些飽含哲理的書籍，也可以提升一個人的修養。

他也有教過我功夫。他總跟我說習武如何令身體變得健康，別看他有一點胖，但實際上他的身體很結實的。因此我每次大病初癒，總想要學他一樣才行。不過，後來我又偷懶了，因為我沒有他那樣的恆心，所以只學了一點點詠春的小念頭，還有八段錦的小部份。我認為武術除了對身體好，也是一種很優秀的中國文化，為此我深感自豪。

我覺得中國的武術，無論是詠春，還是截拳道，都非常講究方位、角度，好像幾何學、力學般，有很複雜的計算，不會只用蠻力，這讓我有很深刻的印象。有時候他講解武術，或者教導女兒自我防衛術，也挺有趣的。

記得有一晚睡夢中，我突然聽見他大叫了一聲，於是連忙爬起身看個究竟。原來他去完洗手間，想坐回床上，卻不小心坐錯了位置，結果就跌倒了。幸好他是習武之人，第一個反應是要保護頭部，於是當下便用手卸去一些力，並無受傷，大叫也不過是自然反應，可見習武的益處。

武術傳承

我覺得武術的傳承不能單靠一個人，而是需要不同的平台去推廣，最好是得到政府的支持。香港小朋友的運動量低，學校的體育課也沒有教授一套特殊的運動，未來可能是發展的方向。當然，若要推廣武術，不是一個陸先生會某種功夫便可成事。其實他一向很支持武術的推廣，有好幾次，女童軍總會希望他去做一個一千人的詠春活動，他也很熱心地去完成。但這些活動都是一次性的，有點可惜。我始終覺得，不只他學習的武術要推廣，其實其他武術也應該得到推廣的機會。

另外，個人以為學習或教授武術的人不應太急進，因為武術的修為是無止境的，不是簡單學了招式便完事；更不應想著如何盡快學會一種武術後便可以開班授徒，因為這樣的學習心態是功利的，不夠純粹，也不端正。

有時我會跟他說，收徒弟時要多留意對方的品性，如果對方目的不純，那便不要收他為徒吧。再說，現在他的學生太多了，因為他從不收學費，一毫子也不收。所以我才勸他，要選一些品格好的人做學生，倒不是想著你教會他後，他會如何報答你，而是要想著，他可以如何幫助武術正確地傳承下去，這是最重要的。

——吳淑婷（陸地太太）

我是一九九九年認識了陸地的，他是我截拳道的師兄。最初，我跟他一樣，自小便是李小龍的粉絲，奈何當時的香港，根本沒有人教截拳道，所以年輕時的我便跑去學其他功夫，當中包括洪拳、詠春和散打，一九九二年我還加入了香港武術散手代表隊。當時真的沒想到自己竟然有機會可以接觸到截拳道，實現多年來的夢想。其實，如果沒有陸地，黃錦銘師父便不會來香港，因為每次師父來港的食宿費用，全都是由陸地支付的，他又會免費把自己的武館借給大家用，多年來一直非常努力地推廣截拳道。所以，截拳道在香港有今天的成就，首功一定是陸地。

我跟陸地有兩段很珍貴的回憶，第一段是不開心的，那時黃錦銘師父病逝，我和他一起做代表出席師父的紀念會，見到李小龍的太太、女兒和很多弟子。另一個是開心的，就是我們曾一起去洛杉磯出席截拳道的分享會，來自世界各地的截拳道弟子聚首一堂，我和陸地更上台分享自己的經驗。這些開心和不開心的事，我們兩師兄弟都有一同經歷，真的很難忘。

除了截拳道之外，陸地還介紹了釋延王師父給我認識，我更因此學會了易筋洗髓功。因為我本身是一名物理治療師，所以一練就知道這套內功對身體健康有很大的裨益，但你要願意花時間去練才會見到成效。而由截拳道到易筋洗髓功，可見陸地不單只是一個真正的武癡，更願意無私地付出自己的人力物力，將這些功夫推廣出去，讓更多人可以接觸到、認識到、體會到武術文化的好處。

——方靜波

我跟陸地師父早在二〇〇〇年便因為工作關係而認識，但我們的話題，很快就從公事轉移到武術方面，因為我倆都是武癡。我年輕時學過很多種功夫，當中也包括了詠春，但後來因為工作繁忙的緣故，便沒有再練下去了。而受到陸師父的影響，人到中年的我也重拾學武的興致，當年知道他的武館剛成立，便打算跟他重新學習詠春拳，沒想到我還因此成為了他的第一位弟子。

他的教學方法非常開放，容許學生提出各種質疑，然後他會用不同的方法，可能是從科學的角度、對戰的理論、個人的體會等面向，來解答我們的問題，然後再當面實踐給大家看。這一點令我非常佩服。而更加沒料到的是，他後來跟隨釋延王師公學習「易筋八段錦」，並鼓勵我們詠春班的同學一起練。雖然我最初對八段錦並不太感興趣，但隨著日子的累積，我發現這套內功對養生保健的功效非常顯著，令我慢慢把焦點從詠春轉移到八段錦之上，退休後更全身心地鑽研和修練這套內功。而在陸師父的鼓勵下，我還成為了一名八段錦的教練，可以跟他一樣，為在香港推廣八段錦略盡綿力。

——劉覺真

我大約在二〇〇四年認識陸地師父，從當年他組織青年工業家到訪少林寺的一次旅行中，認識到八段錦對身體健康的好處。回港後，又知道陸師父在尖沙咀設有振藩國術館，是練習的地方，二〇〇八年他更把八段錦帶進香港理工大學。師父沒有收取任何學費和報酬，卻無私付出，將所學傾囊相授，經過多年鍛煉，我覺得身體有很大的改善，成為陸地師父的弟子是一份榮幸。

——鍾麗華（蘇太）

與師父的認識是冥冥中自有安排：廿年前失之交臂，十年前機緣遇上。我眼中的師父是一個和藹及博學的人，他喜歡武術，而又被武術所寵愛！因為無論在學習詠春、截拳道及八段錦，師父都能跟隨那門派的代表人物學習，最終集大成於一身！

師父對推動武術不遺餘力，無私奉獻，望能將所學薪火相傳。我從詠春的小念頭中，學會了「念頭正，終身正。學武如是，做人如是。」的道理。學武術要持之以恆，武術是國粹，一定要傳承下去！

——周妙玲

少年時從電影中見識到中國武術，開始對其產生興趣，亦曾學習其他拳種。十年前，香港商業專業評審中心開辦八段錦班，由陸地師父親自教授。第一次上振藩館，開始成為其中一份子，繼而學習詠春拳，近年亦有幸跟隨師父初窺截拳道。

偶爾在商會聚會或大學專題講座，都會發現師父在台上，是一位文質彬彬，說話從容不迫的商人、學者、教授。這就是我武術上的師父。

學習八段錦，初期當作拉筋運動；後來經過師父的深入教授及恆常練習，對呼吸及控制情緒都有很大幫助。單是提肛收腹，在日常已得益不少。

詠春拳趣味盎然，師父解說拳理，深入淺出，教授套路，親自示範招式運用，加上科學化解說，令各學員容易明白吸收。

師父強調「傳承武術」的理念，時常引述幾位師公的教拳理論及演繹方法。

在跟隨師父學習武術的過程中，可感受到一位謙謙君子對弟子的無私傳授，亦領悟到處事道理——師父時常提及的「念頭正，做人正」。於我而言，單一個「放鬆」已終身受用。

——周偉業（Gary）

二〇一一年五月，一群有心人成立了香港提升快樂指數基金，我從其中一個八段錦班的項目中認識了師父。從外表看，他是一位斯斯文文的男性，但他對於功夫非常嚴肅和執著，平時相處又很和藹近人。

他的武功和德行，從他為我們解釋招式的細節，便了解到什麼是爐火純青。在學習初期，有位師兄欲加深了解師叔公李小龍的「寸勁」，師父細心解答，並邀請我作為目標，即場示範，我當時約有一百七十磅重，卻被他的寸勁彈得後退一米多，幸得師兄扶持才不致倒地。

我學習八段錦後，身體健康有改善；學了詠春，得師父詳加闡釋，增加了自信。我本人自中學時期，也曾習跆拳道、柔道及螳螂拳，各家有其所長，唯我從陸地師父身上，加深了解到招式細節的作用，在日常生活也用得著，這是武德的演化慢慢滲透在我們的心中。

——賴建光

我經小學同學的丈夫介紹，去「振藩」學習八段錦及詠春，第一次去到武館，心想「師父」應該是一位七、八十歲的老人家吧！完全不敢相信眼前白白淨淨、斯斯文文，連一條皺紋都沒有的人就是師父。他示範截拳道時，出拳快捷，動作與李小龍非常相似。從此，我最期待的就是逢星期六下課後跟師父、師兄師姐們去飲茶，聽師父講武林故事。

學習八段錦令我的筋骨比以前鬆了，還仍需要不住練習，繼續進步。而詠春，可能因為男孩子從小時候開始，打架的機會就比女生多，所以習武時的領悟力也比較強。我會幻想，如果乘地鐵時遇襲，我會耍出詠春的什麼招式呢？

二〇一七年「葉問系詠春套路比賽」，是我第一次參加大型公開詠春比賽，非常期待。因本身條件不理想，筋骨較硬，當時每晚一個人到公園，把腿放上欄杆練習壓腿。不幸地，我在比賽前的兩星期跌傷了右肩，那時我仍覺得自己是可以參加比賽的，沒事的，不想去急症室，怕面對壞消息，所以只去了跌打醫館敷藥。三日後發覺不妥，去急症室一看才知道骨裂了，很不開心，哭了一次又一次，因為我真心不想退出比賽。後來得到師父鼓勵，准我吊著手掛去比賽，心情興奮得不得了，照樣參加師父安排的練習，跛著手去比賽。雖然最後沒拿到什麼獎項，但參與過，見識過大型比賽已很滿足。

六、七十年代，李小龍上《歡樂今宵》表演踢板，那用拇指擦鼻子的動作，當年給我的印象是「沙塵」、「牙擦擦」、「格衰衰」。自從認識師父後，聽他講李小龍的故事，才發現李小龍是一位有情有義的人，自此之後就很欣賞他，會留意他的報導、影片等等。李小龍為中國人爭光，切切實實是一位武術天才，我想就是因為他充滿自信的個性，成就了他走向巔峰。

接觸武術後，發覺武術界很重視「尊師重道」的中國傳統文化。我也常常記住師父套用詠春的小念頭為做人的座右銘，師父說：念頭正，終身正，做人如是，學武如是。

——葉燕華

二〇一四年，大學同學介紹我到陸地師父的武館練習八段錦，我姑且一試，怎知從此展開了人生的新一頁。當初以為只是學習八式動作，應該毫無難度，但原來要得其精髓，需要結合呼吸和肌肉伸展，並不是表面那麼簡單。

師父說，八段錦是講求配合呼吸的氣功，雖不至於像武俠小說中的內功心法般有神奇功效，但若多加鍛煉氣聚丹田的法門，掌握以外動促進內動的原理，從中亦能領略到不少樂趣。他說多練習八段錦可打通任督二脈，改變體質，對神經系統及內分泌系統都有直接的好處，更可以回春及返老還童。看到師父今天外表仍像四十多歲，真是十分有說服力，令我明白恆常練習有助重整健康生活，增強成功感及自信心，建立生活規律及學會自我管理。

師父的無私奉獻、不求回報令我十分感動。他為了讓大眾認識八段錦的好處，每個星期六早上不辭勞苦，風雨不改，不收分文地回到武館教導學生。這令我體會到「隨風潛入夜，潤物細無聲」的精神。

——陳惠坤

認識師父的契機，是朋友帶我去他的武館。師父待人溫柔細心，處事公正嚴明，態度謙虛，厚道包容，像一個源源不絕的寶藏。但我是一個貪玩的徒弟，一直沒有專注練習，直到二〇一七年，師父叫眾徒弟參加比賽，我沒打算參加，他問我原因，我坦白回應，說自己打不出一套完整的功夫。當時他鼓勵我，說現在開始練也不遲，但我心裡充滿疑惑：「真的可以？」

他很用心教我，在練習過程中，我不論身心也慢慢起了變化，身體漸漸感到有股氣流在運行，心態上學會專注集中、持久認真，更重要的是令我意識到，只要有心做，不論什麼時候開始也不遲，最後我更在兩個比賽中也奪得獎項。

學八段錦主要是鍛煉身體，令我筋骨舒暢，精神有活力；而學詠春，則令我對人對事的心態有所改觀，除了功夫的實質訓練，更重要是學會精神上的追求，態度上的認真，和心態上的謙卑包容。師父常常跟我們說「武德」，武術重要的是鍛煉個人品格，這影響了我由最初只是因為有型而學習武術，到現在會認真細味當中的感受和變化。

——劉靜儀

剛開始是因為朋友介紹學習八段錦，才認識了陸師父，及後亦跟隨師父學習詠春。陸師父師承詠春名家，之後設館教授學生武功，可謂傾囊相授，我覺得他一方面為武術界無私奉獻，一方面為人亦相當隨和，不會令學生感到壓力。我自己資歷尚淺，很難評價師父武功，但陸師父師承多位高手，融會貫通，往往在教學時提出精闢見解，示範過程亦令人感受到他功力的深厚。

每次上課，陸師父的提點指導都令人難忘，詠春注重短橋發勁，必須配合腰馬發力。陸師父有次特別叮囑我練習時應習慣坐馬，我習慣後，感到出拳力量有明顯提升，相當佩服師父一針見血，這些提點對日後學習非常有幫助。

陸師父教授的八段錦有少林《易筋經》的元素，我基本上每日都會練習。平日工作，身體比較繃緊，八段錦有舒筋活絡之效，配合其慢呼吸的要旨，亦能放鬆心神，平衡個人狀態。另一方面，詠春是一種相當精微的功夫，除了基本的強身健體和自衛功效，內裡更包含不少中國文化哲學，趣味盎然。八段錦和詠春，兩者可謂相輔相成，有強健身心之效。

陸師父學貫中西，不囿於傳統，能綜合不同看法提出實用意見，是很好的學習對象。我覺得陸師父不著重固定招式，而是更著重不同技巧的靈活配合，以及腰馬的發揮，而不是單純手力。陸師父除了無私教授功夫，亦不吝賜教學生做人處事的道理，希望藉此機會感謝師父指導。

中國武術博大精深，內含無數前人的智慧。我以前亦學習過其他武術，現在一窺詠春奧妙之處，發現詠春其實是一門既具實戰能力，又具深厚文化底蘊的功夫。本地年輕一代現多學習外國武術，實在有些可惜。尤其葉問宗師在香港把詠春發揚光大，使本港高手林立，所以希望能繼續學習這門有意思的武術，亦希望更多人能學習和領會中國武術的奧妙。

——Steve Wong

大概五年前，我曾上過幾堂空中瑜伽課，後因要做白內障手術，迫不得已按眼科醫生吩咐，暫時終止此熱愛之運動。幸蒙友人介紹，得訪振藩國術館，先習八段錦養生功，後習詠春拳，初期一竅不通，經師父點化教導，開始增加興趣。

師父是一位虔敬的基督徒，雅人深致，溫良恭儉，為人低調，樂意付出，有教無類！小徒隨師習武不久，得知師父原來武功高強，深諳八段錦、截拳道以及八斬刀等等。弟子瞠乎其後，莫測高深！

二〇一七年，師父鼓勵大家參加世界詠春比賽，除了周六免費教導我們外，還百忙中額外抽空，在閒日晚上給我們免費特訓！此舉令眾弟子深深感動！

八段錦是一養生功，學後使我氣機暢順，冬天不畏冷，夏天不怕暑熱，心情平和舒暢，面對世事莫測的人生，情緒管理更佳。此外，令我驚喜的是，原來此門養生功對其他運動也深有助益。其中一例，八段錦多個式子都能開胯，有助提升瑜伽的表現，使我五年後的今年三月重新學習空中瑜伽時，以倒吊蝴蝶上繩，非但沒有退步，反而更快重拾昔日步伐，得心應手！師父的教導，讓我認識到八段錦不但要學其形，還要學其實。

記得師父說：「練武不練功，到頭一場空。」因此在實踐中，越來越明白到八段錦此養生功之裨益無窮！

容我僅在此以拙作感謝恩師，祝福恩師：

陸路，路路暢通，榮神益人！
地靈，靈靈堅定，廣傳救恩！
愛心，心心相助，樂聚振藩！
神恩，恩恩惠澤，武道人生！

——羅詠儀（Finnie Law）

本人是在二〇〇九年開始學詠春拳和太極拳的，二〇一四年同事介紹我去振藩國術館學截拳道。由於練習截拳道經常受傷，一位張師叔跟我說了學少林八段錦可以減少受傷，並介紹了陸地師父給我認識。到二〇一五年，我初次見陸地師父，是在振藩國術館的周年晚飯，知道他是振藩國術的館主和香港區振藩國術截拳道的負責人。他看起來文質彬彬，十分平易近人。

於是從二〇一七年，我便跟陸地師父學少林八段錦和詠春。雖然我在外間也學過詠春，但沒有很大的突破和進步。我見陸地師父與徒弟黐手，手法快如閃電，剛柔並濟，輕橋、活腰，步法靈活，腰馬合一。此外，他的武術理念和知識豐富，像老師一樣，有問必答，開明討論，文武雙全，令我下定決心跟他學詠春拳。二〇一七年十月份，我們參加第四屆葉問系詠春拳比賽，男子組各得優異獎，女子組包辦冠、亞、季軍。

學拳容易改拳難，陸師父指出我以往學詠春時的問題，再以身作則，改善我的手法步法、心法和姿勢，令我有很明顯的進步。他教詠春重拳理概念，不是招式，他經常向徒弟提出問題，刺激我們思路，亦歡迎徒弟發問，希望大家多思考，不要只是模仿招式，而是舉一反三，活學活用。

在現實生活中，我對武術的看法首要是健康、修煉自己的心性和精神、理趣和技擊自衛。練武者必須持之以恆，武術應有完整的科學拳理和正確的訓練方法，循序漸進，並非一朝一夕，而是應該終生學習享受過程。

最後，我感謝師父的教導，萬分感激。

——鄭漢堅

我有肩頸痛若干年，每年冬天都會閃腰，看了多年專科醫生和物理治療也不見效果。於是在二〇一八年中，我跟隨一位同事向陸地博士學習八段錦。我一直覺得稀奇：在寸金尺土的香港，師父陸地博士免費授徒，又提供地方，還有熱心的大師姐和大師兄一起教導我們，可謂荒漠中的甘泉！練習八段錦效果立見，由那時至今，我也不再需要去看物理治療。記得二〇一九年一月我在首爾公幹，乘坐地鐵時腰部突然感到僵硬，可能是天氣冷，血液循環欠佳。那時我勉強彎身走出車廂，在月台一旁做了幾回八段錦的第一式「雙手托天理三焦」，竟然見效，可以慢慢步行回酒店。回到房間，我徐徐練習八段錦，終於平安度過。

我的丈夫因治療腦癌而患上腦萎縮，平衡力欠佳，需用手杖，我在家練習的時候也會邀請他一起做簡單的動作。可能他也見到八段錦的效果，逢周末早上他都會提醒我去上堂呢！後來因疫情關係，上堂人數設限，我就留在家中跟著師父的影碟去練習。

陸地博士經常鼓勵我們帶年輕人來學八段錦或詠春，有一次還身體力行，教導從沖繩來交流的學生，我跟隨師兄姐們做義工，師父在講台上是儒雅的講者，上堂時又是虎虎生威的習武者。雖然我只是參與過一次義工活動，亦深深體會到師父無私傳揚武術文化的熱情，令人敬佩。

陸地博士習武之餘，亦是一位虔誠的基督徒，在他教授八段錦的影碟中，有詩歌做配樂，亦有聖經金句配合，因為我也是基督徒，所以很喜歡。師父把所有學生視為家人，互相鼓勵和勸勉，這個家非常溫馨！

我資歷尚淺，談不上是陸地博士武術的弟子，但作為他的一名學生，仍然有一份自豪感！他的尊師重道，終生努力不懈，發熱發光，卻又不求名利，在香港、在武術界實在是奇葩！

——Roslyn Hung

我認識師父是經 Ricky 師叔介紹的，因師叔的職業是物理治療師，我因運動受傷時，是由師叔為我治療的。本人熱愛運動，以前每星期至少踢兩至三場足球，星期日更會參加業餘足球聯賽，平日放工後亦每星期平均有三天去健身。這習慣持續了三十多年，可能因此令筋骨勞損，以至我左右腳都分別有阿基里斯症，後腳筋撕裂；另可能因長期健身舉重，令右膊筋位撕裂，分別做了三次手術，手術後需到師叔的診所進行物理治療。我在治療期間詢問師叔，如想改變運動模式，有哪些較適合？我亦有問泰拳是否適合我，他說不，因我肌肉及筋骨太繃緊，容易再受傷，而八段錦及詠春卻適合我鍛煉，因為那可令我筋骨及肌肉放鬆，亦可鍛煉內臟，令身體更健康，而且減少受傷機會。

因緣際會下，他介紹我去師父的拳館學習，我問他收費及入學資格，他說師父不收費，亦不需什麼資格，只要說是他介紹來的就可以。當時聽到真有些愕然，在這現今的商業社會，哪有不收費的？於是想，可能會有一些巧立名目的收費。我康復後，抱著一點懷疑及嘗試的心態去了拳館，很記得第一日去，便有位師兄問我是誰介紹來練拳，我說出介紹人後，已可即時開始練八段錦，每位師兄師姊都很認真教導我這新人做基本動作，但光是基本功我已經覺得很辛苦。練習完八段錦就到詠春，這時師父剛回來，就親自教詠春的基本功小念頭，他教導認真，對各人都和藹可親，但另有一種不怒而受人尊敬的威嚴。

經過這幾年跟師父和師兄師姊的相處及練習，好像家人一般，所以成立了「振藩家」群組。雖然自己資質較差，但自從練習後，精神及身體內外都有明顯改善，這兩年我已改變生活模式，盡量減少應酬及早些休息，每天五時起床，梳洗完練習約二小時再上班，但精神及身體狀態比以前更好。因每星期只有一次回館練習，所以每次都很期待及珍惜。師父亦講解詠春拳的實戰運用，令我更加認識這博大精深的拳法。每次下課後就是最開心的另一時刻，跟師父及師兄師姊飲茶，大家談天說地，師父有時亦會講述師公們的威水史及其他武術知識，甚至教導一些人生道理及處事態度，實獲益良多。我深深拜服師父對發揚武術及教導我們的無私奉獻，是我終身學習的目標，認識到師父亦是我人生中最大的得著。

——梁沛華

本人自幼習家傳功夫至今，於二〇一六年加入振藩國術館學習截拳道，二〇一八年跟陸地師父學習詠春及八段錦。他是一位學識淵博，熱心助人的人，對武術界及社會都有極大的貢獻和奉獻，其言行值得尊敬。

學習少林八段錦，令人全身肌腱放鬆，減少疲憊，身心得益。陸地師父教授學生時，喜把科學原理放進功夫中，著重拳理概念，理論豐富，招式實用，經常會向徒弟提出問題，刺激我們思路，對我們練習詠春有很大的幫助。

我對武術著重興趣與技術。

——陳文嫻

本人學習客家拳、長拳、刀、棍、截拳道、詠春等，於二〇一六年加入振藩國術館學習截拳道，二〇一八年跟陸地師父學習詠春及八段錦。

他是一位學識淵博，因材施教的好師父。我希望學到詠春及少林八段錦後，將文化傳承發揚，令更多人士受益。

——黃柏迪

我是在二〇〇九年香港青年工業家協會的活動中認識陸地師父的，他曾任此協會的會長，當時只簡短交談，也不知道他是鼎鼎大名的詠春高手。時值本地電影剛上映《葉問》不久，帶動學習詠春熱潮，我年輕時也曾習武數年，數年前也想過學習詠春，但不知道在哪裡學習，適逢兩年前在一場晚宴中與師父同坐一桌，閒談間知道原來他教授八段錦及詠春，當即報名並學習至今。

師父為人十分低調及謙遜，不愛炫耀，真誠待人，熱愛武術，注重武德。他詠春師承黃淳樑及葉正師公，截拳道師承黃錦銘師公，集各人所長，融會貫通。師父外表不像練武之人，深藏不露，既有理論也有實戰，能隨時拆解每一招，教授如何在實戰中應用，絕對是高手。

學習八段錦後，我感覺新陳代謝有改善，心肺功能增強，關節也強化了。另通過鍛煉，放鬆身體，提高了睡眠質素，入睡時間較以前短，深睡時間延長。

詠春博大精深，單是「力從地起」這四個字，也需要反覆鍛煉才可悟出真諦，慚愧的是我到現在還未掌握到！儘管如此，學詠春卻提高了我的高爾夫球技術，懂得放鬆手臂，只用核心肌肉發力，近期的發球距離確實打得遠了，我相信我總會掌握到力從地起的！

詠春的套拳只有小念頭、尋橋及標指三套，看似簡單，練功也沉悶，但師父常說練功是幫助熟習每一招每一式，實際需要靈活運用。我雖然已算身手靈活的人，但未知是否年紀大了，總有力不從心的感覺，唯有將勤補拙，勤力練功，不丟振藩的臉。

武術是我國的國粹，門派眾多，博大精深，是一種強身健體的運動，有助提升腰馬力量，增強反應及自信，最重要是在危急時可以自我保護或協助他人。

——蕭建輝

初次聽聞陸地師父的名字，約在二十多年前，已故的胡鎮南師父跟我談到他有一位師弟，正在籌劃詠春的段位考試制度，當時我已對這位師叔心懷敬意，因為本身在學習詠春前已學習跆拳道多年，明白若果能制定系統化的段位考試，確實能進一步將詠春拳術普及化。

想不到，要相隔二十多年，因為工作的關係，才第一次與陸地師父相遇。更想不到的是，陸師父真人與我心目中的形象完全不同，竟是一位溫文爾雅，西裝筆挺的律師，流露著一派學者風範。我一直想重拾詠春拳，但良師難覓，難得能碰見陸地師父，所以自去年起便隨他學習。

短短一年，陸師父的教導已使我獲益甚多。他指出我多年來的陋習，引導我從更廣闊的角度去理解詠春拳術，及親身示範如何做到兼容並蓄，剛柔並濟。雖然每星期只有一堂課，但每次上課，陸師父總有一兩句話讓我思考良多，最深刻的一句就是「要做詠春的主人」。習武到極致，就應該不受所學的內容綁手綁腳，要自由靈活地運用，持開放的態度，力求精進。

——卓德惠

責任編輯　寧礎鋒
書法　伍旭暘
書籍設計　伍景熙

書名　陸地武術人生——從詠春、截拳道到八段錦
口述　陸地
撰文　Nico Tang
出版　三聯書店（香港）有限公司
香港北角英皇道四九九號北角工業大廈二十樓
Joint Publishing (H.K.) Co., Ltd.
20/F., North Point Industrial Building,
499 King's Road, North Point, Hong Kong

發行　香港聯合書刊物流有限公司
香港新界荃灣德士古道二二〇至二四八號十六樓

印刷　美雅印刷製本有限公司
香港九龍觀塘榮業街六號四樓A室

印次　二〇二一年七月香港第一版第一次印刷
規格　特十六開（150mm×200mm）二八〇面
國際書號　ISBN 978-962-04-4850-8

三聯書店
http://jointpublishing.com

JPBooks.Plus
http://jpbooks.plus